"中国劳模"系列丛书

勇攀科技高峰的煤海之星

吴险峰

张悦◎著

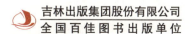
吉林出版集团股份有限公司
全国百佳图书出版单位

图书在版编目（CIP）数据

勇攀科技高峰的煤海之星：吴险峰/张悦著. --
长春：吉林出版集团股份有限公司，2024.9
（"中国劳模"系列丛书/徐强主编）
ISBN 978-7-5731-4903-9

Ⅰ.①勇… Ⅱ.①张… Ⅲ.①吴险峰–传记 Ⅳ.
①K826.16

中国国家版本馆CIP数据核字(2024)第082684号

YONG PAN KEJI GAOFENG DE MEI HAI ZHI XING: WU XIANFENG
勇攀科技高峰的煤海之星：吴险峰

出 版 人	于　强	
主　　编	徐　强	
著　者	张　悦	
组稿统筹	东北师范大学文学院创意写作研究中心	
责任编辑	杨　爽	
装帧设计	张红霞	

出　　版　吉林出版集团股份有限公司
发　　行　吉林出版集团社科图书有限公司
地　　址　吉林省长春市南关区福祉大路5788号　邮编：130118
印　　刷　唐山富达印务有限公司
电　　话　0431-81629711（总编办）
抖 音 号　吉林出版集团社科图书有限公司　37009026326

开　　本　710 mm×1000 mm　1 / 16
印　　张　9
字　　数　90 千字
版　　次　2024 年 9 月第 1 版
印　　次　2024 年 9 月第 1 次印刷

书　　号　ISBN 978-7-5731-4903-9
定　　价　55.00 元

序 言

　　劳动创造财富，劳动创造幸福，劳动创造未来。习近平总书记在2020年全国劳动模范和先进工作者表彰大会上的讲话中指出："全社会要崇尚劳动、见贤思齐，加大对劳动模范和先进工作者的宣传力度，讲好劳模故事、讲好劳动故事、讲好工匠故事，弘扬劳动最光荣、劳动最崇高、劳动最伟大、劳动最美丽的社会风尚。"当今世界，综合国力的竞争归根到底是科技人才和高素质劳动者的竞争。改革开放以来，我们强大的工人队伍用辛勤的劳动和拼搏奉献的精神推动中国制造、中国智造、中国创造走向世界的前列，新时代的中国面貌日新月异。大力弘扬劳模精神、劳动精神、工匠精神，加强高素质技能人才队伍建设，打造一支宏大的知识型、技能型、创新型劳动者队伍，是伟大时代赋予我们的历史责任。

　　劳动模范是民族的精英、人民的楷模，是共和国的功臣。自改革开放以来，广大职工勇立改革潮头，独立自主，奋发图强，勇于创新，其中涌现出一批批全国劳模和大国工匠。他们参与建设了代表中国高度、中国速度、中国深度的一系列重大工程，提升了国家实力，打造了"中国名片"，树立了"中国品牌"，增添了"中国力量"，充分释放出工人阶级的创新活力，展示出大国工匠的强大创造力。他们以工人阶级的满腔热忱在各自平凡的工作岗位上取得了辉煌的成绩，书写了新时代的壮丽篇章。

爱岗敬业、争创一流、艰苦奋斗、勇于创新、淡泊名利、甘于奉献的劳模精神，崇尚劳动、热爱劳动、辛勤劳动、诚实劳动的劳动精神和执着专注、精益求精、一丝不苟、追求卓越的工匠精神，是广大劳动群众在社会生产实践中锤炼形成的弥足珍贵的精神财富，是工人阶级伟大品格的具体体现，是民族精神和时代精神的生动诠释。民族复兴需要劳动模范，祖国强盛需要大国工匠，中国制造、中国智造、中国创造更需要大国工匠的强有力支撑。劳模、工匠等的成长故事、先进事迹中承载的劳模精神、劳动精神和工匠精神，是激励全国各族人民团结奋斗、勇往直前的强大精神力量。

"中国劳模"系列丛书，采用图文结合的方式，讲述全国劳模、大国工匠和先进工作者们的成长经历及他们追梦、筑梦、圆梦的故事，用他们在平凡岗位上创造不平凡业绩的真实故事感染读者，推动形成劳动最光荣、劳动最崇高、劳动最伟大、劳动最美丽的社会风尚，引导广大技术工人和青少年形成劳动光荣、技能宝贵、创造伟大的观念。

"匠心筑梦，强国有我。"新时代是一个万象更新、生机勃勃的时代，也是一个继往开来、创新创业和建功立业的大时代。希望广大读者能以劳动模范为榜样，以大国工匠为楷模，立志技能报国、技术强国、踔厉奋发、勇毅前行，锤炼思想品格，汲取劳动智慧，勇于担当、勤于钻研、甘于奉献，为推进新型工业化和乡村振兴，为加快建设制造强国、质量强国、航天强国、交通强国、网络强国、数字中国、农业强国，全面建设社会主义现代化国家贡献青春力量。

中华全国总工会副主席（兼）

中国航天科技集团有限公司第一研究院

211厂14车间高凤林班组组长

2022年11月

传主简介

　　吴险峰，男，达斡尔族，1972年生，中共党员。现任国家能源集团内蒙古大雁业集团有限公司设备维修中心"吴险峰劳模创新工作室"主任，"全国示范性劳模和工匠人才创新工作室"带头人，呼伦贝尔市总工会兼职副主席。

　　吴险峰的家族具有"劳动光荣"的传统。他的爷爷是内蒙古自治区呼伦贝尔市阿荣旗的"劳动模范"，父亲吴宝柱被评为"铁道兵学习毛主席著作积极分子"。在家族荣誉的熏陶下，他自幼立志成为对社会有用之人。1992年，吴险峰放弃留校工作的机会，怀着赤诚之心进入宝日希勒第一煤矿机械厂，担任技术员。仅半年时间，他就独立承担了宝雁矿主井提升绞车的安装任务，初露锋芒。25

岁时，他担任副厂长，成为当时最年轻的科级干部。

岁月荏苒，吴险峰始终秉持"干一项工程，树一座丰碑"的理念，三十年如一日，千锤百炼，练就过硬本领，坚定地走在技术创新的道路上。

吴险峰的人生，谱写了一曲劳动者的奋斗之歌、工匠的精神赞歌，这也是共产党员的奉献之歌。他的荣誉包括：2006年内蒙古自治区职工经济创新工程奖和先进个人奖章、2012年"全国煤炭系统技术能手"称号、2015年"全国劳动模范"称号、2019年全国能源化学地质系统"大国工匠"和内蒙古自治区"北疆工匠"称号。每份荣誉都是对他过往努力的肯定，每次成功都是对他未来奋斗的激励。

吴险峰肩负着培养新一代技能人才的使命，传承和弘扬着工匠精神。在新的征程中，他以坚定信念为矛，以精湛技术为盾，以执着追求为甲，勇往直前。

吴险峰，一个普通却不平凡的劳动者，他用双手谱写自己的人生之歌，弹奏着祖国事业蓬勃发展、永不停息的进行曲。

目 录

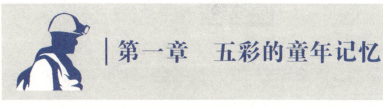

第一章　五彩的童年记忆

 扫码解锁

◎群 英 颂 歌◎尽显"峰"芒
◎时 代 矿 车◎奋 斗 底 色

五彩的童年记忆，

梦境般历历在你心。

草原上畅游奔腾，

少年英才追逐梦想。

摔跤擂台鏖战，

勇气与力量争锋。

小英雄豪情满怀，

勇往直前志气昂。

"拆拆大王"手艺巧，

无限创意童心扬。

唯有家是安稳的港湾，

亲情爱意，永远钟情。

草原小英才

苍茫的草原上，骏马自由地奔腾，成群结队的牛羊在悠然自得地吃草、喝水。抬头眺望远方，入眼处尽是无数条曲折蜿蜒的河流，以及无垠的青青草地。牧民挥动马鞭，策马驰骋在广袤无垠的草原之中。这里便是著名的有着"最纯净的草原"之称的呼伦贝尔大草原。

与大草原相毗邻的是大兴安岭的南麓，在山地与高原、森林与草原的过渡地带，红花尔基林业局建设在此处。1975年，年仅3岁的吴险峰跟随父母搬到林业局生活时，也曾目睹过这样一幅波澜壮阔的绿色画卷，他深深地为祖国的美景陶醉着迷。

1972年7月，吴险峰出生在黑龙江省哈尔滨市，是家中幼子。在他出生的那个年代，中国的经济正处于复苏时期，物资并不充足。母亲的奶水不足，可又买不到牛奶来代替母乳喂养，望着怀里饿得嗷嗷大哭的小险峰，一向独立要强的女人不禁流下了心疼的泪水。

父亲吴宝柱心里也不是滋味，他看了看母子俩哭得通红的眼睛，思来想去，一咬牙一跺脚，做了一个重大的决定——回老家内蒙古生活。

⊙ 上图　1974年，吴险峰两岁时于哈尔滨拍摄的照片
⊙ 下图　1974年，吴险峰（左一）两岁时与哥哥在哈尔滨合影

就这样，吴宝柱携妻带子搬回了牛羊肥壮、粮食充足的内蒙古自治区呼伦贝尔市鄂温克族自治旗红花尔基林业局生活。林业局地处大兴安岭与呼伦贝尔大草原之间，在这里生活着蒙古、汉、鄂温克、达斡尔等8个民族，小险峰正是达斡尔族人。

达斡尔族素来被称作在马背上成长起来的民族，他们有着铁血般的意志，强大的民族情怀。当年幼的险峰生活在这样美丽、富饶、神奇的呼伦贝尔大草原上时，草原人宽广的胸怀、坚韧内敛的品质也深深地烙印在了他的心中。

风吹草低见牛羊，呼呼的烈风吹动了桀骜烈马的鬃毛，也吹醒了小险峰躁动的拼搏之心。草原上的少年，逐渐成长起来了！

摔跤比赛

每当呼伦贝尔的冬天来临，天气变得异常寒冷，广袤的草原很快被茫茫白雪覆盖，林业局周围苍翠的樟子松林也会披上白色棉衣，天地间一片银装素裹。

20世纪七八十年代的孩子可没有如今小朋友优渥的生活条件——能够开着空调、烧着暖气，躺在暖和的被窝里看电视。红花尔基林区冬天的夜生活，往往带着些许单调的意味。不过，就算夜晚外面天寒地冻，雪虐风饕，也抵不过小险峰家里一片暖意融融。

吴险峰继承了达斡尔族人骁勇善战的性子，自幼就是一个活泼爱运动的孩子，并且他也同族人一样，喜爱摔跤运动。

达斡尔族摔跤是一项娱乐性、观赏性很强的传统体育项目。摔跤手在达斡尔语中被称为"布库"，节日集会或是青年聚会活动中，必定有摔跤项目。比如每年的6月8日是达斡尔族的传统节日"沃其贝节"，游客可以观看到激烈的摔跤比赛，和达斡尔族人一同欣赏布库们的机智勇敢和坚强不屈。

为了不让家中两个小朋友在晚上太过无聊，吴宝柱夫妻俩特意在家中举办了"摔跤比赛"。两个大人抱了几床被子铺在睡觉的火炕上，以免孩子不小心磕伤身体，还手牵手围坐在炕沿上，防止小险峰和哥哥从炕上摔下来。

等做好准备工作，随着吴妈妈一声令下，"摔跤比赛"便正式开始了。

"加油！加油！"

吴爸爸在一旁鼓掌欢呼，显得异常激动。

只见小险峰和哥哥分别张开双臂朝对方冲过去，二人你争我夺，谁也不让着谁，气氛逐渐热闹起来。

突然，小险峰一个脚后跟打滑，被哥哥摔在了炕上。

好在吴妈妈有先见之明放置了被子，小险峰并没有摔痛。尽管如此，他的眼眶还是不争气地微微发红。

"我好丢脸……"小险峰口中嘟囔着，心中也生起酸涩之感。这时，他瞥见了爸爸充满鼓励的眼神，突然想起爸爸经常在自己耳边念叨的一句话："世上无难事，只要肯登攀。"于是小险峰揉了揉眼睛，又咬咬牙，重整旗鼓站起身来，开始第二场比赛。

比赛如火如荼地进行着，昏黄的光亮透过窗户照在雪地上，屋内时不时传来大人的呐喊助威声和小孩子银铃般的笑声，给寒冷的冬夜增添了一丝温暖。

最终，这场比赛以小险峰和哥哥44:44的平局落幕。身材更加结实的哥哥也被小险峰的勇敢和坚持打动，朝弟弟露出钦佩的目光并竖起了大拇指。

除去"摔跤运动"，小险峰也对其他体育活动充满兴趣。吴宝柱本人就是一个体育迷，再加上他善于做手艺活儿，经常带着儿子跑呀跳呀，给他们做运动器材，极大地满足了小险峰和哥哥的运动需求。在吴家小小的院子里，你可以看到由吴爸爸亲手打造的秋千、单杠、双杠，这些器材既结实又好用，小险峰和哥哥真是快乐极了！吴宝柱还给儿子们买了乒乓球、排球和足球，期望他们从小养成强健的体魄，长大能够像自己一样保家卫国，做一个英勇无畏的英雄。

热心的小"英雄"

"北国风光，千里冰封，万里雪飘……"呼伦贝尔的雪下得恣意又张扬，鹅毛般的雪花浩浩荡荡，铺天盖地般落下，将天地变成银白色的童话世界。若是飘舞的雪花落到人的脸上，冷意准能从脸颊侵袭到脚底板！那滋味儿，谁也不想体验第二回。

这里的孩子对冬天总是又爱又恨，爱的是冬日奇景，恨的是冬季的漫长与凛冽。冰封雪盖的冬天冻得所有人都紧紧地裹住身上的棉衣，不会放过一丝保暖的机会。

一天傍晚，学校的放学铃还没响，各个教室的学生就已整装待发。只听一声清脆的铃响，他们个个如麻雀般冲出教室，直奔回家之路。

"放学喽！放学喽！"教室里瞬间空了一大半。

小险峰搓了搓冻得有些僵硬的手指，收拾好书包，想早点儿回到暖和的家中。正当准备走出教室时，他无意中瞥见坐在门口位置的同学趴在桌子上一动也不动，靠近后才发现对方的身体正微微发抖，那人还隐约发出几声抽泣。

"你怎么了？为什么哭成这样？"小险峰轻轻拍了拍他的肩膀，露出关切的神情。

同学睁着红红的眼睛，哽咽着回答："我……我把棉帽子弄湿了——戴不了，回家还要挨批评……"

一说到这些，对方吓得哭声更大了。

小险峰眉头紧锁又很快舒展开，他毫不犹豫地脱下自己的帽子，小心地戴在了对方的头上。

"这样就不冷啦！我妈妈做的帽子可是全天下最暖和的！"

说完，小险峰主动帮他收拾好书包，拉着他走出了教室。

"走吧，我送你回家，哭是解决不了问题的，我们是男子汉大丈夫，要敢于承认错误！"

"嗯！"同学被小险峰充满力量的话语所鼓舞，重重地点了点头。

回家的路上，雪越下越大。小险峰的脸被凛冽的风刮得如刀割一般痛，但他还是咬着牙坚持了下来，稚嫩的脸蛋上露出坚毅的表情。

类似的事情在每年的冬天时有发生，一旦看到其他同学或者低年级的小朋友没有棉手套、棉帽子，小险峰便会主动将自己的保暖衣物借给他们穿戴上，甚至有些同学因为路上结冰滑倒了，他还会体贴地护送他们回家。对于小险峰来说，每当看到别人遇到困难时，他都会主动伸出援助之手，能够帮助别人，小险峰觉得是一件特别值得开心的事情。

小险峰在读小学时，是周围小朋友们最羡慕的对象。因为吴爸爸给孩子们准备了各种运动器材，包括双杠、单杠、排球、足球、乒乓球，等等。吴家的院子里能玩的运动项目可多啦！毫不夸张地说，那时候小险峰拥有的体育器材，都能比得上一所小学配备的资源！

小险峰从小就是个大方的人，对待朋友热情真诚。每到放学或者周末，来吴家玩的小朋友络绎不绝。小险峰始终记得妈妈说过独乐乐不如众乐乐，他十分乐意把好东西拿出来跟大家分享。即使有人不小心弄坏了哪个运动器材，他也总是挥挥手，大度地表示不在意。看到小伙伴们和自己一同运动，他们每个人的脸上都洋溢着快乐的笑容，小险峰的心里别提多美了。

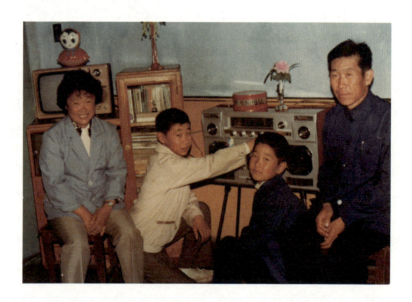

⊙ 上图　1980年，吴险峰（左一）8岁时与哥哥合影
⊙ 下图　吴险峰初中时全家去大爷家做客时合影

小险峰喜欢运动，也乐于参加各种体育比赛，尤其是他的"摔跤"技术，在学校里也是小有名气的。但是他从不仗着自己会一点儿"功夫"就在同学面前耀武扬威、飞扬跋扈。他知道，越是强大的人，身上担负的责任就越大。因此，小险峰经常"路见不平，拔刀相助"，帮助周围弱小的同学、伙伴。

每一个男孩儿心中都有一个英雄梦，小险峰自然也不例外。每次观看爱国主义类型的影片时，小险峰的目光总是紧紧地盯住屏幕，见到影片中的人物被欺负、被奴役，一个劲儿地受苦受难，他的心头似有一团火在燃烧，既难过又愤怒，只想冲进去拯救那群可怜的人；每当看到英雄横空而出，打得坏人落荒而逃之时，他又开心得鼓起掌来，身体也配合着摆出几个武打姿势；若看到英雄为了民族大义英勇杀敌、为国捐躯，他也会大受感动，甚至哭得稀里哗啦的。

"成为一个英雄"的梦想，在小险峰幼小的心中慢慢地生根发芽……

"拆拆大王"

小险峰的爸爸吴宝柱从部队复员后，曾在哈尔滨市龙江电工厂里待过很长一段时间，这是个军工企业，他尤其擅长木工和钳工作业。小险峰继承了爸爸的心灵手巧，从小便对一些机械工具和维修工作产生了强烈的好奇心，总想找机会"露一手"。

看到桌子上放置的闹钟，小险峰会想：这三根粗细不一样的针，为什么会有不同的转圈速度呢？为什么一到固定的时间，钟表就会响起铃声呢？听到院子里高高挂起的大喇叭传来响亮的声音，小险峰就会跑到喇叭下面，仰着脸，眼中满是不解：为什么这个长得像田旋花一样的大喇叭可以唱出好听的歌曲呢？……

无数个"为什么"盘桓在他的脑海中，虽然爸爸也经常给小险峰解释一些机械知识，但是小险峰总觉得只有动手实践一番，才能更准确地得到答案。一旦对某样物件产生了好奇心，他总是寻找到时机，想方设法拆开它，以满足自己的求知欲。

在小险峰八岁的时候，有一天他的妈妈正在屋里干活儿，静悄悄的房间却使她心头涌起一种异样的感觉。往常这个时间，淘气的小儿子总是精力充沛地跑个不停，如今怎么一点儿动静也没有？

想到这儿，吴妈妈放下手头的工作，开始寻找小险峰。她找了一圈，最终在隔壁房间的火炕边发现了儿子。只见小险峰背对着门口，脸朝着火炕墙角，双肩微动，低着头在认真地摆弄着什么东西，嘴里还发出"哼哧哼哧"的声音。小险峰的妈妈没有立刻制止儿子，反而蹑手蹑脚地走到他身后，探过头看儿子究竟在做什么。

"哎哟！"吴妈妈非常讶异。原来小险峰左手拿着一把明晃晃的剪刀，右手正捏着家里唯一的马蹄表（吴险峰是左撇子，使用工具时都用左手），他的脚边还散落着闹钟内部的一些零件。

显而易见，小险峰还是拆开了他心心念念的钟表！

小险峰也被妈妈的声音吓得跳了起来，他知道自己做了"坏事"，下意识地把"半死不活"的闹钟藏在身后。小脑袋低低地垂下去，等待妈妈的训导。

望着儿子黑黝黝的眼睛——那里既有对知识的着迷，又有担心挨训的忐忑，吴妈妈一时间哭笑不得。

原来，小险峰整日盯着那台马蹄表，问爸爸：为什么闹钟的表针会自己走路，难道里面有小人在推着它们吗？吴爸爸耐心地给儿子讲了闹钟的原理和结构，还特意提醒他："千万不能拆开闹钟，否则它便无法工作了。"

小险峰从前逮着机会就会把东西拆开，却又总是组装不上，经常毁坏东西，制造了不少"废品"。有了前车之鉴，吴爸爸、吴妈妈便谨慎地将家里的工具锁在箱子里，以免小险峰又因为好奇心办了坏事。哪知小儿子是个没有条件也要创造条件的"拆拆大王"，没有工具，他灵机一动，偷偷拿走了妈妈缝补时用的剪刀，把它当作拆卸闹钟的工具。

炕上一片狼藉，完全就是"第一案发现场"。吴妈妈叹了口气，这次还是让小皮猴"得逞"了。

小险峰自然是心满意足了，可惜家里唯一的马蹄表还是在他的手里报废了。

"拆拆大王"的"拆拆事件"还有很多，家中的收音机、院里的大喇叭……都逃不过小险峰的拆卸"魔掌"，被迫成为他探索机械世界奥秘的特殊老师。当时，收音机还没有在生活中普及，在农村更算得上一种奢侈品，十户人家中能有一台收音机，已经是很了不得了。为了弄清楚家中收音机为何会说话，小险峰实在忍不住，又偷偷拆开了它。后来，因为他没办法将收音机组装回去，害得吴爸爸不能继续收听《说岳全传》。

每当小险峰拆开了这些物件却又无法复原的时候，吴爸爸和吴妈妈是又气又恼，但面对孩子充满求知欲的目光，夫妻俩又只能无奈地摇摇头。

十分巧合的是，小险峰长大后走上岗位，从事的工作的确和修理相关。这下他终于有机会把机器修个遍，整日风里来雨里去，日夜奔波在抢修第一线。每当邻里乡亲问起吴险峰的工作情况时，吴妈妈总会一脸感慨地说："我家险峰小时候净祸害家里的东西了，把家里的东西拆得稀巴烂，没办法修复只能报废，长大了从事修理工作，这是在还小的时候欠下的账啊。"

父母是最好的老师

回忆起童年时期的美好生活，吴险峰动情地讲道："父母对我的影响特别大。在我的心目中，爸爸是一个无所不能的父亲，妈妈是世界上最优秀的母亲，我的成长离不开他们的陪伴和鼓励。"

1963年，吴险峰的爸爸吴宝柱从哈尔滨冶金测量学院顺利毕业，随即响应国家的号召入伍参军。

人在苦中练，刀在石上磨。在部队生活的日子里，吴宝柱训练刻苦，又爱学习，先后被评为"五好战士""学习毛主席著作积极分子"。几年后，他更是有幸在人民大会堂受到了毛主席的亲切接见！这是吴宝柱一生中最幸福、最骄傲的经历，他翻来覆去地讲给两个儿子听，希望儿子们也能够像他一样树立远大志向，报效祖国。

若是下班早，吴宝柱总爱带着孩子朗诵自己喜欢的诗词。"久有凌云志，重上井冈山。千里来寻故地，旧貌变新颜。到处莺歌燕舞，更有潺潺流水，高路入云端。过了黄洋界，险处不须看。

风雷动，旌旗奋，是人寰。三十八年过去，弹指一挥间。……"

吴家小院里，一个年轻的男人站在中央，身躯挺拔，目光炯炯。他的声音宛如潮水般奔涌而来，富有激情和力量，述说着革命年代的风云变幻。

小险峰和哥哥一左一右笔直地站在吴宝柱身边，竭尽所能地模仿父亲那种英勇坚毅的姿态。

随着父亲的声音落下，哥儿俩齐齐开口朗诵："可上九天揽月，可下五洋捉鳖，谈笑凯歌还。世上无难事，只要肯登攀。"

小险峰的手臂随着节奏轻轻摆动，稚嫩的童声带着坚定的语气，展现自己对未来的豪情壮志。他的眼神明亮而灵动，充满了对历史的敬仰和对英雄事迹的敬意。

有时候天气寒冷，吴爸爸也会抱着年幼的吴险峰坐在炕头上，哼起革命年代的歌谣，诵起熟记于心的诗词。他将亲手抄写的革命歌曲贴到墙壁上，一个音符、一个字地教着两个儿子识谱、唱歌，带着他们背诵毛主席语录。

吴爸爸不仅专业技术过硬，文学素养高，而且动手能力也很强。院子里的秋千、双杠，屋子里的书柜……也都是由他亲手打造的。有次朋友开了间店铺，想请擅长书法的吴宝柱设计一个合适的店名。他抱着字典仔细查找名字的寓意，还主动包揽牌匾的制作工作，亲自刷油漆，提笔写字，最后还坚决拒绝朋友的谢礼。吴宝柱特意教育儿子，面对别人的求助，不但要积极主动地施以援手，而且要做得认真，做到最好！

吴险峰深深地钦佩父亲的"十八般武艺"，并在耳濡目染中爱上了发明创造，在日后的工作中颇有父亲的风范。

如果说父爱像挂在夜空的北斗，为吴险峰指明前进的方向；那么母爱则似绵绵的春雨，润泽儿子纯洁的心灵。

吴妈妈很早便失去了双亲，但她从未自暴自弃，而是勇敢地抵挡人生的风风雨雨，在生活中独立、自强，工作中也"巾帼不让须眉"，结婚之后更是撑起家庭的半边天，为孩子筑起最坚实的堡垒。

吴妈妈还是一个心灵手巧的女人，单拿家里人的衣着来说吧，大到身上穿的毛衣，小到头上戴的帽子、脚上穿的鞋，都是靠她用一双巧手，一针一线缝制出来的。她还特意去大街上观察人们的穿着，细心地记下服装款式，只为了让孩子穿上最亮眼、最时髦的衣服。

吴险峰以穿上妈妈做的新衣服为荣，每逢和朋友们约着见面，他都会高高扬起头颅，一脸得意地走到大家面前，那模样好似一个打了胜仗的大将军。

在儿子的"显摆"之下，吴妈妈会做好看的衣服这件事被街坊邻居一传十、十传百地知晓了。乐于助人的吴妈妈也不吝啬自己的手艺，热心地给邻居家的孩子缝制新衣。她做这些活计不但不要乡亲们一分一毫，还常常搭上自己的衣料和配件。

碰上白天工作繁忙，吴妈妈只能熬夜做衣服。夜深人静，小险峰躺在被窝里昏昏欲睡，他看到妈妈拿着针线，低着头全神贯注地做着缝制的工作。昏黄的烛光照亮她的侧脸，妈妈温柔如水。做得时间长了，妈妈费力地眨了眨干涩的眼睛，又用手背揉了揉眼皮，她便再次忙碌起来……

"噢妈妈，烛光里的妈妈，您的黑发泛起了霜花；噢妈妈，烛光里的妈妈，您的脸颊印着这多牵挂……"已到中年的吴险峰每每听到这首歌，眼角总是在不经意间泛起泪花。

勤劳，是吴险峰对妈妈最深刻的印象。在他的记忆中，妈妈总是将家里院子收拾得干干净净，面上却毫无疲惫之意，从不说一声累、不喊一声苦。

"所以我很感激父亲和母亲，他们培养了我勤奋求学、勇攀高峰的志向，也教会了我什么才是真正的勇敢和善良，他们是我人生路上最好的老师。"

吴险峰一边讲话，一边用手指摩挲着面前与家人的照片，他的眼睛亮晶晶的，充满了对父母的感恩。

⊙ 吴险峰（右一）与家人在大连老虎滩海洋公园旅游时的合影

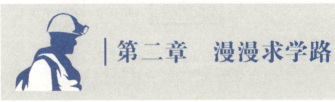

第二章　漫漫求学路

扫码解锁

◉群 英 颂 歌◉尽显"峰"芒
◉时 代 矿 车◉奋 斗 底 色

小小图书室，知识的海洋，

书页上洋溢着智慧的芬芳。

青春的步伐轻舞飞扬，

回力牌运动鞋，

伴你踏上梦想的征途。

求学之路漫漫，

真理隐匿在万千问号中。

你的探索永不止息，

你的信念永不言败。

小小图书室

北宋一代儒宗欧阳修云：立身以立学为先，立学以读书为本。

吴宝柱深以为然。他年轻的时候很重视读书，在学校也是一个勤奋刻苦的学生。有了孩子以后，吴宝柱和妻子更是为教育两个儿子打起了十二分精神，满心期望他们能够在求学的道路上持之以恒，取得优异的成绩。

1979年，吴险峰进入小学学习。当年，同龄的孩子只需要能够从1数到100，就能证明这个孩子达到入学要求了。轮到吴险峰测试时，只见他上下嘴皮开开合合，吐出一连串的数字：98、99、100……198、199、200……若不是被大人制止，他恐怕能一直数下去！

周围的听众个个目瞪口呆，纷纷求教吴险峰的父母是怎么把孩子教得这么厉害的。

原来，吴宝柱夫妻俩亲自辅导儿子，并且十分懂得因材施教。吴险峰小时候活泼贪玩，吴爸爸便让他坐着秋千学数数，既满足了他想玩的愿望，又教会了儿子数学，慢慢提升他对学习的兴趣。生活中处处有学习的机会，吴宝柱独具慧眼，锻炼孩子发现问题的能力，增强他的行动力和自信心。正是夫妻俩的悉心教导，使得吴险峰从小受到了很好的文化教育，他也没有辜负父母的期望，成长为旁人口中聪明好学的孩子。

8岁时，吴险峰一家从原来的土坯房搬进了砖房。住进新家以后，吴宝柱看着屋子光秃秃的一角，灵机一动，为两个儿子亲手打造了小书柜。哥儿俩一人一个，两个小书柜就摆放在平时他们看书写字的长桌旁边。每逢到海拉尔出差，吴爸爸还会利用闲暇时间到书店给孩子们采购图书。

每次感觉爸爸快要到家时，吴险峰和哥哥总会站在院子门口，翘首以盼。一瞥见远处出现一个小黑点儿，待看清楚是爸爸，兄弟俩就像火箭一般冲过去，你争我抢地主动替爸爸背包。他们都渴望第一眼看到新书。

吴险峰最爱看的莫过于连环画了。每本书以图画叙述连续的情节，薄薄的一本拿在手中，每一页都绘着栩栩如生的人物，图画下面写着几行字描述情节。这些精彩的连环画陪伴他度过了识字晓理的童年时光。

做完作业后，吴险峰会一个人静静地坐在角落，专注地盯着手里的连环画。他的眼睛像两颗明亮的星星，闪烁着兴奋与好奇，伴随着书页的翻动，吴险峰也成了故事里的一员。当连环画描述着孙悟空大战二郎神时，他感觉自己也踩在筋斗云上，挥舞着威力惊人的金箍棒。

每一场冒险，每一个惊险瞬间，吴险峰都仿佛身临其境。他深深地沉醉在生动有趣的图画和文字中，对时间的流逝毫无察觉。甚至饥饿和疲劳也无法让他放弃阅读，反而被探索的欲望所覆盖。

在他小小的书柜上，摆放着《西游记》《三国演义》《西汉演义》《东汉演义》《隋唐传》《薛刚反唐》等神话、历史题材的连环画，还有《铁道游击队》《抗日英雄》等爱国题材的故事书……

除此之外，吴宝柱还给孩子们订购了《大众电影》《新体育》《人民日报》《少年文艺》《小学生作文》等报刊。对于一个生活在偏远落后的边疆林区家庭来说，每月购买这些刊物的花费也是一笔不小的数目。但是吴爸爸宁愿省吃俭用，也将这一习惯坚持了下来，只为满足家中孩子读书的愿望，帮助他们增长知识，开阔眼界，培养良好的阅读习惯，树立正确的价值观。

经过年复一年的积累，吴险峰和哥哥的书架上可谓汗牛充栋，哥儿俩的房间简直成了一间小型图书室，引得周围热爱读书的小伙伴纷纷来借阅图书。吴险峰的眼界得到了拓展，视野也变得更加开阔。

回力牌运动鞋

十五六岁的吴险峰，心渐渐"野"了起来，少年茁壮成长，浑身迸发出朝气蓬勃的力量。那时的他仿佛有使不完的力气，好似一匹脱缰的野马，带着对世界的好奇，自由自在地奔驰在大草原上，自然也愈发贪玩起来。

要说这个时期吴险峰的心头爱，"回力"鞋自然是排得上号的。作为一个梦想着"惩恶扬善"的少年，他相信"回力"鞋能让他更勇敢、更灵活地行动。

在二十世纪七八十年代，哪个孩子若是有一双"回力"鞋，那可就是同学心目中的"潮人"！尽管"回力"鞋如此受年轻人追捧，但它的价格却令许多家庭望而却步。不过，这些在吴险峰眼里却算不得问题，因为爸爸妈妈十分疼爱他，总是竭尽所能地满足他的需求。

于是，不少人在街道或操场上会看到一个身姿矫健的男孩儿奔跑着，他穿着宽松的运动服，双手自由地摆动，每一步都沉浸在自由与活力之中，鞋上明晃晃的"回力"标识令人羡慕不已。

少年险峰恣意地跑跳，鞋子很快就磨损严重，有时甚至一个月就坏掉一双。但是他仍然能及时穿上"回力"牌的新鞋。

如今已到中年的吴险峰看到自己的孩子也穿着"回力"鞋在他面前奔跑玩耍，脑海中不由自主地浮现有关鞋子的故事。紧接着，他会开始感慨自己当年是多么贪玩不懂事，没有体会到父母的艰辛。

当时普通家庭供养一个孩子上学，就已经需要倾注整个家庭的力量了。吴宝柱夫妻俩的工资本就不高，又逢上经济不景气，工厂效益低，拖欠工资这种事也是时常发生的，最多时吴宝柱夫妻俩的工资曾被拖欠长达半年之久。然而，无论家里的经济状况多么困难，吴险峰和哥哥都顺顺利利地在学校里接受了教育。在培养孩子这方面，吴宝柱和妻子的想法不谋而合，做父母的哪怕苦一点儿、累一点儿，也不能耽搁两个孩子的学业。

为了让大儿子考上好大学，吴宝柱决定送他去海拉尔最好的高中补习。三年的学习需要很大一笔费用，夫妻俩节衣缩食，找亲戚们东拼西凑，才攒够了补习的钱。看到哥哥为了高考寒窗苦读，见到父母为了挣钱每天早出晚归，读高中的吴险峰才慢慢意识到家中的困难，体会出父母的艰辛。他终于明白自己脚上穿的不只是一双"回力"牌运动鞋，它倾注了爸爸妈妈对自己成长的关心和成才的热切期盼。

吴险峰如梦初醒，发誓要在高中三年读出一个名堂！

十万个为什么

自上小学伊始，吴险峰逐渐显现善动脑筋、热爱钻研的个性。

课堂上遇到难题时，大部分同学都会直接请老师答疑解惑。吴险峰却不这么做，当他碰到略微复杂的习题，总是自己先观察、分析和思考，接着再尝试独立解答；如果问题比较棘手，一时间解决不了，吴险峰也不轻言放弃，课下继续研究这个难题。哪怕不吃不喝不上厕所，也要钻研尝试下去，一次、两次……直到成功找到答案。

吴险峰也并非顽固不化的人。若他尝试多次后意识到自己的能力有限，也会虚心地请教老师和周围同学。虽然大家都挺乐意帮助勤奋好学的吴险峰，但有时也会不胜其烦。原因是吴险峰对于疑惑不解的地方，总是一副"打破砂锅问到底"的态度，一个劲儿地追问"为什么"。为此，朋友常常打趣吴险峰："原来你的小脑袋瓜儿里装的是一本厚厚的《十万个为什么》呀！"

因为习惯独立解决问题，吴险峰和老师沟通的机会就变得很少。

每逢班主任问起对吴险峰的印象，不少任课老师都表示："这孩子学习成绩挺好，就是不太爱讲话。"

有些同学十分不理解他的做法，明明动动嘴皮子就可以向老师问到答案，为什么非要耗费那么多时间去自己解决呢？总是独自一人跟问题死磕，刨根问底，实在是太"倔"了！

可在吴险峰看来，他就喜欢自己的这种"倔"。得到答案的确是一件值得高兴的事情，但他更享受凭借自己的能力一步步摸索出答案的过程，更喜欢体验过程中时而惊心动魄，时而轻松顺遂的感觉，他不仅在解决一个难题，还在证明自己的实力。正是因为吴险峰不轻易向困难低头，有种"不到黄河心不死"的倔强劲儿，他才锻炼出了独立解决和思考问题的能力。

工作后的吴险峰更是热衷于创新和发明，遇到难题勇于挑战，最终成为公司技术创新的带头人，凭借的就是这股"倔"劲儿！

坚持就是胜利

"……如果你是一滴水，你是否滋润了一寸土地？如果你是一线阳光，你是否照亮了一分黑暗？如果你是一颗粮食，你是否哺育了有用的生命？如果你是一颗最小的螺丝钉，你是否永远坚守在你生活的岗位上？如果你要告诉我们什么思想，你是否在日夜宣扬那最美丽的理想？你既然活着，你又是否为未来的人类的生活付出你的劳动，使世界一天天变得更美丽？我想问你，为未来带来了什么？在生活的仓库里，我们不应该只是个无穷尽的支付者。"

讲台上，老师饱含深情地朗诵着雷锋的日记；讲台下，吴险峰和同学们不约而同地屏住呼吸，满眼都是感动。

读完日记，老师郑重地对着大家说道："同学们，你们正值美好的青春年华，要永远力争上游，永远正直勇敢，永远善良谦卑，成为像雷锋一样的美好青年！"

吴险峰的脸上露出了坚定的表情，他的心也随着老师的话燃烧起来：是的！我一定要好好读书，考个好学校，不能辜负爸爸妈妈的付出和期望，要像雷锋一样将爱心和奉献精神融入日常生活中，做一个对社会有用的人！

1990年，吴险峰在宝日希勒一矿高中读三年级。在这堂语文课上，他默默地许下了践行一生的承诺。

高中的学习生活并不轻松，尤其是到了高三，整个学校都面临着巨大的危机。由于煤矿行业不太景气，工资难以维持生计，不少工人纷纷改了行，把孩子也带走了。读书的学生越来越少，学校面临着被裁撤的风险。屋漏偏逢连夜雨，很多老师见情况不对，纷纷着急调转工作。

当时高三年级有一半的科目都缺少授课老师。所有高三的学生，加在一起仅有15人。学校把这些学生合并到一个班，但还是改变不了同学们学习情绪低落的事实。长此以往，老师教学和辅导的积极性也不是很高，有时候晚自习，老师都没来。

经常处于这种压抑沉闷的学习氛围中，不少学生心里打起了退堂鼓。面对学习上的困难，他们选择自暴自弃，毫无求学动力，最终成绩直线下滑。另一部分想参加高考的学生，只有自力更生获取知识。

吴险峰正属于后者。高三一整年，他凭借惊人的自律能力、超强的自学和独立解决问题的能力，克服了求学路上的重重磨难。有志者事竟成，最终他以旗（相当于县级行政区）里第一的高考分数，顺利考入海拉尔煤炭工业学校（2001年更名为内蒙古工程技术学校），成了班里唯一一名通过高考被录取的学生！

海拉尔煤炭工业学校在当地一直以来都颇受瞩目，考生竞争十分激烈，录取率也很低。该校在煤炭工业相关领域拥有深厚的教学积淀和良好的口碑。

因此附近的人得知吴险峰被录取后，止不住地称赞：在这样师资力量薄弱、学生水平不高，甚至办学都岌岌可危的学校里，吴险峰竟然考上了中专，这可真是了不得！

恰同学少年，风华正茂；书生意气，挥斥方遒。在短暂的两年中专求学生涯里，吴险峰继续保持自律、刻苦的学习态度。

班主任在开学后组织了一次摸底测试，吴险峰考了全班第一，因此老师决定让他担任班里的学习委员，吴险峰还积极竞选学校的学生会干部。除了完成学习任务，他还协助班级和学校组织各项活动。不少同学做完课堂作业，懒洋洋地躺在宿舍休息，或者约上朋友打球、外出，而吴险峰不是和老师讨论着技术问题，就是在操场上组织活动，甚至经常牺牲自己的午休时间来整理课堂笔记和准备活动材料。

他深知"读万卷书，行万里路"的重要性，同时明白作为一个充满朝气的年轻人，更应该将炙热的力量分享给他人，做一个对集体有贡献的人。在校期间，他多次被评为三好学生、校级优秀学生干部，成为同学心中当之无愧的先锋模范！

1991年，这是吴险峰人生中第一个值得铭记的年份。就在这一年，他登上了《中国煤炭报》的专版，以优异的表现被更多的人知晓。表彰代表着一种肯定，同时也象征着责任和担当。摸着印成铅字的"吴险峰"三个字，这位青涩的年轻人忍不住笑出了声，心头有种难以言喻的快乐。吴险峰想：未来的日子里，自己要表现得更好、更出色才行！

　　人人都觉得吴险峰是个幸运的孩子，可只有他心里最清楚，世上从来没有百分百幸运的事情，唯有勤奋踏实地耕耘，才会有幸福的收获。

⊙ 1991年，吴险峰（左一）主持元旦联欢会时与班级同学合影

⊙ 1992年，吴险峰（前排左一）和中专同寝室的同学毕业前在学校教学
  楼前合影

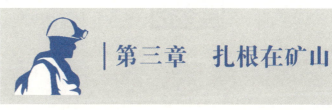

第三章　扎根在矿山

◎群 英 颂 歌◎尽 显 "峰" 芒
◎时 代 矿 车◎奋 斗 底 色

你走进煤矿战场，

探索未知，崭露锋芒。

乒乓球轻盈地跳跃，

友情凝聚在击球声中。

创意飞翔在图纸之上，

梦想绘就未来的航程。

寻书解密，你与知识同行，

智慧的宝藏永远流传。

忙碌不停的工作旋律，

编织着拼搏与奋斗的乐章。

初出茅庐显"峰"芒

1992年，吴险峰顺利从海拉尔煤炭工业学校机械制造与维修专业毕业，获得了中专文凭。毕业后，他完全可以凭借突出的表现留校工作，但经过一番深思熟虑，吴险峰最终选择到宝日希勒第一煤矿机械厂担任技术员。

宝日希勒第一煤矿机械厂属于国有地方煤矿，作为当时年产量最小的煤矿，其年产出只有45万吨。亲朋好友得知吴险峰要去这里上班，差点儿惊掉了下巴。毕竟怎么看这工作也不像是一份"美差"，怎么吴险峰偏偏决定要去呢？

吴险峰的爸爸吴宝柱毕业之后，也选择先去军队磨炼意志，锻炼毅力。俗话讲，"有其父必有其子"。正是受到父亲的影响，吴险峰认为自己正值年富力强的时候，更应该去艰苦的环境中锻炼自己。他立志要在工作岗位上努力干出一番成就，为祖国煤矿事业的发展添砖加瓦！

在大家不可思议的眼神中，胸怀壮志的吴险峰只身来到了宝日希勒第一煤矿机械厂。刚到工作单位，这个雄心勃勃的年轻人便傻了眼，工厂破败的景象宛若一盆冷水浇到了他的头上。残酷的现实狠狠地打击了他的信心，令他陷入自我怀疑之中。

机械厂的规模并不大，在岗的只有50位职工。大家的日常工作就是安装、维修煤矿井下的设备，以及加工相关的机械配件。不少同事只有初中文凭，获得高中学历的人也寥寥无几，更别提像吴险峰这种拿着中专文凭进厂的，他算是头一个。大多数老职工对于新知识、新技术的掌握都不太精通。再加上当时整个煤炭市场的形势比较糟糕，周围大大小小的煤矿竞争十分激烈，不止一矿的发展势头不好，就连总公司的效益也异常惨淡。厂里的工资不仅低，还不能按时发放。

此外，工作的现场与他之前读书时了解到的状况有着明显的差距，轰鸣的机器声和杂乱的环境让他感到迷茫。吴险峰开始犹豫，自己能适应这种氛围，能胜任这份工作吗？如果刚来单位就要辞职，岂不是成了逃兵？

一开始吴险峰拿不定主意。但经过一番思考后，吴险峰最终决定老老实实地跟着厂里的老师傅们学习。

于是，他身上的那股"倔劲儿"又上来了。

厂里效益不景气？没关系，发展的道路是曲折的，他们一起咬牙熬过去！

工人不了解新技术？没关系，他刚从学校装了一肚子理论知识，正好和同事们一起实践！

日子一天天过去，吴险峰逐渐适应了这份工作，深入了解了煤矿行业。然而，真正打动他、让他下定决心留下来的，还是一同并肩作战的工作伙伴。

在这个煤矿，他切身感受到了"煤矿人"的拼搏和奉献精神，感受到了他们吃苦耐劳、坦诚直率的优良品质。他开始享受解决技术难题之后，听到的同事们发出的一声声欢呼；乐于见到机器维修成功时，同伴们对自己竖起的大拇指。吴险峰的内心萌发出一股振奋的力量，慢慢地找到了自己心中的答案。

一次次坚持，一场场磨炼，吴险峰扎根在矿山的决心更坚定了，他想要为国家的煤矿事业贡献出自己的一份力量。

时光飞逝，吴险峰抱着"吃苦在前，享乐在后"的念头，苦练维修技术，渐渐地在工作中得心应手起来。"台上一分钟，台下十年功"，机会只留给有准备的人。入职半年以后，吴险峰接手宝雁矿主井提升绞车的安装任务，这也是他第一次独立承担重点工程。由于煤矿的经济效益不佳，缺乏资金购买新的绞车，这套绞车的滚筒、减速机、电机和控制柜是由四个煤矿使用过的旧绞车拼凑而成的，这些组件分别来自四个不同的厂家，而且还是残破的。

听说一个刚毕业不久的年轻小伙儿负责这项重点任务，许多老工程师都大吃一惊，常跟吴险峰打交道的老师傅还特意跑来鼓励他。

"小吴啊，你可真是初生牛犊不怕虎啊！敢接这么重要的任务，勇气可嘉！勇气可嘉！"

有人夸奖，自然也有人怀疑吴险峰的能力，更有甚者还嘲讽他太急功近利，故意显摆自己。

面对众人的目光，吴险峰没有丝毫懈怠和退缩，一心扑在任务上。

⊙ 1996年，吴险峰在宝日希勒第一煤矿机械厂会议室留影

　　为解决设备老化严重的问题，他不舍昼夜地翻阅机械方面的资料，一边指导大家施工安装，一边认真研究维修方法。其他同事也被吴险峰满满的干劲儿、活力以及锲而不舍的钻研精神所鼓舞，对工程的完成有了极大的信心，做起事情来更有干劲儿，听从他的指挥。从设备的尺寸测量到混凝土基础图纸的设计，再到机器的修理和安装，吴险峰抱着"不达目的，誓不罢休"的决心，拼尽全力啃下这块硬骨头，圆满地完成了重点工程。

　　吴险峰第一次独立承担工程，便交出了如此令人满意的答卷，他用成果证明了自己的实力，打消了同事的担忧和疑虑。领导笑眯眯地拍着他的肩膀，称赞道："吴险峰啊吴险峰，有你在，咱们厂里可真是无'险峰'啊！"

"乒乓球"社交

　　去单位报到之前，吴险峰还在家中闹出过一场"小风波"。

　　在亲朋好友都为他找到工作而开心时，吴险峰却越来越心慌意乱，跟家里人说话时也总长吁短叹。

　　知子莫若父母，吴险峰的爸爸妈妈最清楚儿子为何烦恼，一定又是"见人紧张"的老毛病惹的祸！

　　吴险峰自幼就有一副热心肠，但并不擅长和人聊天，能说一句绝不开口说第二句。尤其在公共场合，因太过在意别人的眼光，吴险峰在语言和行为方面总是显得十分拘谨，一旦硬着头皮跟人讲话，脸红得跟煮熟的虾米一个颜色。

为了增强自信心，吴险峰从小跟着父亲学起了乒乓球。这也是吴爸爸引以为傲的体育运动——他曾在矿里8次蝉联单打冠军，也获得过呼伦贝尔林业系统乒乓球单打以及团体冠军。

在吴宝柱的指导下，吴险峰的球技大增，他又参加多次乒乓球比赛，取得不少好成绩，整个人也变得大胆坚定。

原以为儿子的心病成功祛除，谁知还没进入单位，他的"老毛病"就又犯了。吴宝柱思索了一番，最终在一个午后，将吴险峰约到了球场。

"拿着，"吴宝柱将乒乓球拍塞到儿子的手里，"好长时间没和你打球了，今天让我再教你几招。"

一听说有新招式，吴险峰来了兴致，立刻举起了球拍。

"啪——嗒——啪——嗒"，伴随着清脆的响声，一颗黄色的小球在空中划来划去，从乒乓球台的这一端飞到另一端。

"你要是想赢球啊，关键在于六个字——稳、准、狠、转、变、损，这是指……"

吴爸爸一边做出动作，嘴里一边滔滔不绝："打比赛的时候要做到眼观六路、耳听八方。时刻保持冷静，认真观察对手的招数，迅速地发现他的漏洞，随机应变更改对敌战略。这样才能一击击中，战胜敌人！"

说完，乒乓球灵巧地弹到吴险峰的面前，他感到恍惚，回过神儿后手忙脚乱地挡了一下，球立刻飞上了天。

吴宝柱捡回球重新开始，不忘叮嘱："在赛场上，你的心中应该只有球，不要在意观众的态度……"

父子俩进行着一次又一次酣畅淋漓的对战。

待见到父亲满脸的汗水，吴险峰终于忍不住停下了手里的动作，深情地喊了一声："爸——我明白了。"

吴险峰理解了父亲的良苦用心。这场比赛父亲并没有展示新的球技，而是带着吴险峰重温了他第一次学习乒乓球的过程。

父亲在用行动告诉他，只要有勇气、有信心、有方法，就没有练不好的球技！同样，进入一个陌生的工作环境，和人相处互动也应该自信大胆，勇于展示自己的能力，不为他人的态度所影响。

吴险峰豁然开朗，心中沉甸甸的大石头终于落下。

无巧不成书，他去单位报到的第一天，正值矿里承办内蒙古煤炭系统的乒乓球比赛，矿里正紧急需要几位懂得规则的裁判员。吴险峰板凳还没坐热，就被拉去做了比赛的裁判，也算是在同事面前"亮"了个相。

在五天的竞赛中，吴险峰回到了自己熟悉的氛围里，如鱼得水般裁判了一场又一场的乒乓球比赛，很快与周围的同事打成了一片。等到正式工作时，他已经能够从容自如地与大家沟通任务和项目，轻松地表达自己的意见和想法。同时他更是把乒乓球的特长发挥到极致，经常代表单位参加比赛，蝉联了矿里16年的乒乓球单打冠军。

学习乒乓球的经历极大地助力了吴险峰的成长，如今不管被多少人关注，吴险峰都能专注于自身，表达自己要说的，展示自己要做的，丝毫不惧怕他人的眼光。也正是通过乒乓球比赛，吴险峰才有了"逆境中不言败、不气馁；顺境中不骄傲、不自负"的人生态度。他把从乒乓球运动中获得的真谛带入工作，面对困难逐一解决，受到压力和白眼的时候，也不受他人的影响，专心致志地搞好自己的事情，成功完成一项又一项重点工程任务，研发一个又一个创新项目。

"人生的过程就像是乒乓球比赛，就算输了球，也不等于失败，捡起球再来一次！"吴险峰握着球拍，脸上露出灿烂的笑容，颇有感悟。

寻找绘图仪

"困难面前有我们，我们面前没困难"是吴险峰的口头禅，也是他十年如一日坚持的工作态度。

宝日希勒第一煤矿机械厂是吴险峰的工作单位，刚到厂里时，吴险峰和其他年轻的职场人一样，浑身充满着蓬勃朝气和生机活力，总想着在事业上取得一番成就。当时单位只有50名职工，有文凭的寥寥无几，吴险峰算是唯一一个拥有中专学历的技术员，因此设备维修的任务以及图纸设计方面的工作都由他负责。机械厂规模小，修理工作需要的设备工具并不齐全，设计制图时连绘图板、计算器等工具都找不到，更别提专业的设计手册和其他工具书了。

常言道：“巧妇难为无米之炊。”吴险峰第一时间就将情况上报给了厂长。厂长是一名钳工出身的老工人，早些年参加工作的时候，什么绘图仪、计算器之类的还都是稀罕物，因此他用眼睛当“尺”，练就了一身本领，技能基础扎实，操作技术也十分熟练。

看吴险峰找自己要专门的作图工具，厂长干脆利落地回答：“用什么绘图仪啊，你自己徒手画个草图不就行了？计算器……你去仓库员那里借上一个用呗！”

一听这话，吴险峰的心凉了半截，大失所望。仓库员平时拿的计算器顶多算个加减乘除，哪能跟技术员使用的专业计算器相比？就算以往的老工人凭借经验能够维修好设备，但如今时代在进步，国家的机械设备也在不断更新换代，只有更新技术，配备专业的仪器，才能跟得上时代的步伐。

机械厂发展得不好，技术员的工作需求很难得到满足。厂里经常出现任务刚分配到各车间，车间主任便反映“工具不够，条件不足”的窘况。

吴险峰来了以后，立刻将解决工具问题当作一件大事。高中时期的学习经历让他认识到，条件是自己创造出来的，只要有不放弃的信念，一定可以找到解决方法。

单位没有专用计算器，他将爸爸以前使用过的工程计算器从家里拿来；没有设计手册和绘图仪器，他翻箱倒柜找出自己学生时代用的课本和工具来代替。吴险峰一直坚持规范的绘图操作，图纸一定是正规的设计图纸，尺寸需要经过精密的测量而非依靠主观经验而断定，数据也必须通过精确地计算得出。

无论多困难、多棘手的问题，在吴险峰的努力下，都有可能搞定。

在同事们的印象里，吴险峰"特别能吃苦，特别能战斗""有很多新奇有用的想法""但有时候过于谨慎小心了"……

吴险峰总是说："在科学和真理面前来不得半点儿虚假，你要是糊弄、稍稍放松一点儿，设备就会出故障，给你撂挑子。为了保证工作质量，一定要严格要求。"

吴险峰坚定不移地坚持原则，维修操作时极力做到尽善尽美，一丝不苟。

在他持之以恒的努力下，厂里的修理工具越来越多，配套设备也越来越完善，极大地提高了员工们的工作效率。吴险峰用这些实际行动向厂长和周围的同事证明了一个道理：车到山前必有路，只要拥有锲而不舍的精神，办法就会比困难多。

"有条件要干，没条件想方设法干，甚至是自掏腰包也要干"，吴险峰见招拆招，永不气馁，将工具的使用功能发挥到极致，得到了上级领导的赏识和认可，也影响了一起工作的同事。

他回忆起某天参加乒乓球比赛的场景：在比分悬殊的赛况下，耳边时不时传来喝倒彩的声音。尽管如此，吴险峰仍然没有放弃手中挥舞的球拍。在他的心里，拼尽全力比赛，不是为了获得他人的瞩目和掌声，而是为了证明自己能做到最好。

买书历险记

吴险峰喜欢读书，从小熟读各种名著、文学杂志，踏上工作岗位后，书桌上摆放的书籍又变成了各种各样的技术手册。

作为当时厂里仅有的一名技术员，吴险峰需要掌握全面的有关设备安装和维修的技术知识，责任重大。初进单位，他发现许多必要的维修工具厂里都没有，有时候工人需要维修新型设备，手头连本专业的学习手册也没有。

这种情况下，吴险峰只得从家里找来自己上学时候看的课本做参考资料，或是去周边学校借最新的工具书。但更多时候，吴险峰为了及时掌握新的知识技术，经常去市里逛新华书店并采购相关书籍。在大部分技术员心中，若是可以拥有一整套机械设计手册，绝对是一件值得炫耀的事情。吴险峰也不例外。

当时公司处于艰难发展阶段，发放的工资勉强维持生活的开销，日子过得紧巴巴的。因手头拮据，他为了买一本新书只得慢慢攒钱，或者等书降价，至于定价昂贵的设计手册，他是想都不敢想的。因此新华书店在吴险峰心中，实际上是一个喜欢却又不敢轻易踏足的地方。他只能通过一点点积攒的方式，逐渐凑齐购买想看的书籍的钱。积水成渊，聚沙成塔，通过这样的方式，吴

⊙ 1996年，吴险峰在宝日希勒第一煤矿机械厂技术员办公室留影

险峰终于在工作十年以后，实现了拥有整套设计手册的愿望。

有一段时期，机械厂的工作内容跟钣金有关，工人们不懂得如何设计展开图，也无法按照图上的尺寸规格切割合适的材料，用以组装设备。吴险峰接到工人的求助，先是翻看自己的中专课本，并没有找到相关知识，又跑遍了海拉尔大大小小的书店，可惜同样无功而返。无奈之下，他只好用最直观也是最笨的方法，一边根据已掌握的钣金材料信息反复研究，一边四处请教其他厂里有经验的老技术员，每次都要花费很大的精力才能画出设计图。

这件事情过去没多久，吴险峰得到了一次去北京出差的机会。公事处理结束后，他才有一些自由活动的时间，他按捺不住激动的心情，兴冲冲地跑进心心念念的新华书店。首都的新华书店有最新最全的书籍，琳琅满目的图书看得人眼花缭乱。

功夫不负有心人，吴险峰终于在角落里发现了一整列关于钣金知识的图书，从钣金的图样知识到绘图技巧再到应用实例，简直是应有尽有。正待他心满意足地准备结账时，他看到图书封底的价格，顿时愣在原地，这价钱也太高了！

吴险峰陷入了进退两难的境地：若是买书，手里剩下的钱肯定不够未来几天的生活费；若是不买，下次到北京出差也不知道是猴年马月，这几本搜寻不易的书，对厂里的工作实在是太重要了。他双手紧紧捏住书……

犹豫了半晌，吴险峰最终还是狠下心，一咬牙，买了一套钣金方面的书籍。后面几天的情况果然如他所料，钱都用来买书，他只能选择住在地下的小旅馆里，被迫和几个陌生人挤在同一间屋子。到了晚上睡觉的时候，潮湿阴暗的环境令吴险峰的浑身瘙痒，睡得一点儿也不踏实，可他还是一声不吭地坚持了下来。

从首都北京一路北上到海拉尔，沿途的美景令人心旷神怡，待在车厢便可尽览祖国的大好河山。这般美得令人窒息的景色，吴险峰却没有心情欣赏。坐了两天两夜的硬座，吴险峰总共才吃了三顿饭，看着空空的钱包，他知道这是他为买书付出的代价。

等回到家中，吴险峰早已筋疲力尽，饿得前胸贴后背。

吴妈妈刚打开门，只见儿子冲进来往桌子上放了什么东西，接着一溜烟儿直奔厨房，翻箱倒柜地寻找食物，不管是冷的热的，只要被发现，转眼间就成了他的腹中餐。

儿子这副衣衫凌乱、狼吞虎咽的模样把吴妈妈吓了一大跳，她担忧中带着些许疑惑："儿子，你这是怎么了？在火车上没好好吃饭吗？是钱没带够吗？"

吴险峰嘴里塞得满满当当，听到母亲的问话，他下意识点点头，随即又直摇头。他的目光如炬，紧紧盯着桌子上还没来得及拆封的新书，如获至宝……

闲不住的吴厂长

　　吴险峰是一个闲不住的人，每天都充满活力，四处忙碌，他那神采奕奕、生龙活虎的样子，仿佛有一身使不完的力气，总是停不下来。上班后，他继续保持在学校养成的善观察、爱动脑、勤思考以及"打破砂锅问到底"的好习惯。

　　刚担任技术员时，吴险峰将书本上的理论知识记得滚瓜烂熟，但是他的实践能力还稍显不足，很难做到真正的融会贯通。厂里领导十分赏识这位风华正茂的小伙子，同时隐约担心他的技术水平生涩，故很少给他分配动手操作的任务。

　　看着同事们在车间埋头苦干，吴险峰的心里就像猫儿抓一样，看到活计便跃跃欲试。为尽早胜任技术员一职，他放下手头的书本，主动向领导申请进入车间工作，他还要求自己在每个车间至少干一个月，一边干活儿，一边加深对工厂实际情况的了解，方便快速地融入机械厂这个大家庭。

　　得到了上级批准，吴险峰自此便一心一意地投入车间工作。作为整个厂里学历最高的年轻职工，吴险峰从不自鸣得意、心高气傲。他深知自己只是有机会多学了几年的课本知识，论起实际操作技术，他还有很多地方需要认真地请教经验丰富的老师傅呢！

很长一段时间，厂里的人都能看到吴险峰拿着本子，低着脑袋，跟在一位又一位工人身后学习、讨教，远远望去宛若一条蓝色的"小尾巴"。有时碰到吴险峰一副虚心求教的好学生模样，工友忍不住打趣他："怎么堂堂技术员连这么简单的问题也不懂？"吴险峰却从不怕被人笑话，他憨笑几声，继续跟在师傅后面观察学习。

边干边学边翻书，再干再学再翻书，吴险峰从初级的活计入手，一步一步跟随老师傅的操作进行练习，真正做到将理论与实践结合起来。时间一久，周围的人也都喜欢上了这位勤学好问的年轻后辈，尽心尽力地传授他经验。因此他不但掌握了操作技术，了解了工作情况，还收获了一批良师益友。

千里之行，始于足下。吴险峰在工作中刻苦钻研，勤奋好学，又能够团结同事，上级安排给他的任务，无论大小，他都能够出色地完成。

1997年，吴险峰经历了工作生涯中十分重要的转折期。鉴于他在工作中表现优异，在单位领导和同事的共同支持下，25岁的吴险峰当选宝日希勒第一煤矿机械厂的副厂长，同时成为当时最年轻的科级干部。

坐在宽阔而明亮的办公室里，他的心中掀起了波澜。他想起未进入单位时的紧张、工作初期的犹豫和彷徨以及如今处理任务的自信，想起那些在耳畔发出的"轰隆隆"的机器声，同事们忙碌的身影……纷繁复杂的思绪凝集在他的脑海中。

吴险峰知道，担任副厂长一职，意味着接受了新的责任和使命。"百尺竿头，更进一步"，他需要带领大家面对更多的挑战，让机械厂焕发更多的活力，争取成为行业的翘楚！

干部的好榜样焦裕禄曾说："我们要带上本子，发现什么问题，立刻记下来，回去再对照毛主席著作想一想，找出解决的办法，总结出经验。这就是说，白天要搞调查研究，晚上要'过电影'。"

始终以党员标准严格要求自己的吴厂长牢牢践行这段话。在他的口袋里，有一个随身携带的小本子，上面记载着一些重大的"秘密"。

视察工作时，他注意到厂里的一些工人在维修和安装设备的过程中，需要花费很大的力气、耗费很长的时间，情急之下还要冒着危险去做，吴险峰心中很不是滋味。每次发现这样的问题，他都将情况默默记在本子上，提醒自己务必想出解决之法。等结束手头的工作，他也不休息，总是带着问题到处查询资料，请教老师傅，亲自设计方案，绞尽脑汁研究既省人、省力，又安全高效的设备维修方法。

这样一个敏学多思的吴厂长，很快就成了大家心中的"诸葛亮"，有什么重要的工程任务，吴险峰一出马，准让人放心！

随着科技的进步，电脑逐渐出现在大众的视野中，与此同时，采矿设备的更新换代也要求技术员的操作水平不断提高。科技是第一生产力，为了走在时代的前沿，及时掌握最新的技术知识，吴险峰特意自学计算机制图，旨在提升计算机使用水平，进而提高工作效率与研发能力。

当时单位还没有配置电脑，吴险峰自掏腰包购置了一台台式电脑放在家中，又先后买了不少软件、教材资料，跟随网上的视频学习CAD制图以及实体设计。有了这些学习和训练，他如虎添翼，设计和制图能力增强许多，实际工具的操作和设备维修的效率也大大提高。总之，闲不住的吴厂长坚持做到在工作中学习，在学习中工作。

古人云："一勤天下无难事。"孔子晚年勤读《周易》，翻断了穿连书简的皮条；晋代将领祖逖刻苦练武，半夜听到鸡鸣便起床；明朝李时珍为编写《本草纲目》，访百川，行千里，历时27年。

吴险峰每天起早贪黑地工作，白日里一整天忙得脚不沾地，晚上还要留在单位里加班，熬夜整理材料、设计图纸，恨不得一心全扑在工作上。众人百思不得其解，都觉得吴险峰是个铁憨憨：本来白天做好自己负责的工作就已经很累了，这种个人自愿的加班行为，无论多辛苦，公司也不会多给一分钱。若是好心办了坏事，还可能吃不了兜着走，倒霉的也就只有吴险峰自己，他这到底图个啥呢？一些关系好的同事担心吴险峰太过操劳，好心劝他多休息，没必要为了工作把自己的身体累垮。

吴险峰谢过众人的好意，却依旧我行我素，保持原来的工作状态。他坚定地说："我负责技术工作，遇到困难别人都可以退缩，但是我绝不能退缩，我深知作为煤矿工人，就要有一种非凡的战斗意志，在企业遇到困难时要勇挑重担，敢于担当。"

在后来几十年的工作中，他始终牢记、践行这些话。

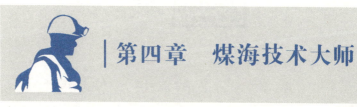

第四章　煤海技术大师

扫码解锁

◎群 英 颂 歌 ◎尽 显 "峰" 芒
◎时 代 矿 车 ◎奋 斗 底 色

在茫茫煤海中，

技术大师步履坚定。

你身负研发之重任，

研制锚杆，解决亏吨，

节约成本，拒绝投机。

废寝忘食劳心思，

初心坚守不曾移，

爱与责任铸心房。

锚杆的"诞生"

时间犹如白驹过隙，伴随着企业的发展壮大，吴险峰也从一名技术员成长为一个攻坚克难的技术能手。这些年他始终兢兢业业，刻苦钻研，出色地完成了许多重点工程的安装任务，也得到了领导的赏识和同事们的支持。

2004年的某一天，吴险峰依旧和往日上班一样，在图纸上写写画画。听说厂长在找自己，他放下手头的工作，快步走到厂长办公室门口。

敲门声刚刚响起，厂长顿时来了精神，赶忙把门打开。

见到吴险峰，原本愁肠满腹的领导这才扯出了一丝笑容，急忙说道："险峰啊，这次的任务只能靠你啊！"

吴险峰很快便联想到这几天在厂里听到的一些消息，大概猜出了厂长发愁的原因。

原来，公司管理的两个矿井主要以锚杆和液压支柱进行顶板支护。目前这道工艺已经被全面推广，导致锚杆的使用量猛增。它的数量从之前的一周200根增加到一周1000根左右，其中大螺距锚杆的需求量占总数的一半。

"若是还像往年一样制作普通锚杆，效率虽然低了些，但需求量少呀，勉强够咱们矿井使用，可现在工作少不了大螺距锚杆，想要购买又需要公司那边……"

厂长的话没有说完，吴险峰就都明白了，大螺距锚杆是一定要有的，不过外购需要一大笔经费，即使采购专用设备生产大螺距锚杆，全套配置下来也要好几十万。公司的资金暂时周转不开，根本没钱往这搭。

究竟该如何拿到大螺距锚杆呢?

经过一番商讨，厂领导做了一个大胆的决定：自行研发制造一套锚杆加工成套设备，由吴险峰带头成立攻关小组，抽调专门的技术人员配合完成该项工作。

天将降大任于是人也，吴险峰撸起袖子说干就干，带领成员研究锚杆加工设备的制作工序。由于经济条件的制约，吴险峰等人可谓寸步难行，根本无法去外地厂家参观设备器材，只能退而求其次，前往附近规模较大、设备完善的矿务局考察两天。回到单位，几个人又马不停蹄地开始设计方案。

吴险峰结合厂里的实际情况，考虑对矿里现有的设备重新改造，以配合锚杆加工设备的制造。比如加工锚杆的过程需要用到钢筋切断机、盘绕机、滚丝机、缩径机等，他便将厂里的液压刨床改造为搓丝机来替代滚丝机。攻关小组物尽其用，从一些已经报废或者闲置的设备中选出还能使用或者可以修复好的部件，再次进行检修和组装。实在制造不出来的设备部件，吴险峰才会去外地采购，像搓丝板和缩径模的采购费也只花了1500元。

办法总比困难多。吴险峰带领小组成员集思广益，开拓创新，双管齐下。一方面抓紧时间绘制各种设计图纸、部件图纸、组装图纸等；另一方面在全矿范围内搜集闲置的设备重新检修。众人从白天干到黑夜，终于做好了设备组装之前的准备工作。

眼看离成功越来越近，吴险峰还没来得及高兴，新的困难又出现了。

由于组装设备的部件都是从闲置或者废弃机器上拆卸下来的，在后期安装调试中或多或少会"掉链子"。就拿液压缸来说，它在模拟运行的时候反复地出现泄压和漏液的问题。吴险峰仔细检查液压控制阀和管路，又更换新的液压胶圈，依旧不能达到液压缸的使用标准。后来他带着大家多次解体和测量液压缸等设备的尺寸，认真研究分析漏液原因，对有划痕、磨损和受到液体腐蚀的部件表面进行手工研磨处理，终于解决了液压缸漏液的问题。

在吴险峰眼中，工作上的困难都是暂时的，只要保持一种战斗的精神，就一定能够克服困难。有了这样的信念和坚持，吴险峰经常工作到废寝忘食的地步，其间还发生了不少有趣的事儿。

在研制锚杆的日子里，有一天他和搭档像往常一样埋头在车间安装设备。二人面前摆放的是液压缩径机和镦帽机的模具，只有将模具的中心位置调整好，才能生产出标准的圆钢。人工调整中心位是在没有压力的情况下进行的，况且厂里又缺少专用的平台和测量工具，操作人员只能凭着经验慢慢尝试调整。一旦他们的主观测量稍微偏差一点点，机器运作释放的压力就很可能放大偏差，导致整体框架受力变形、圆钢产生弯曲等不符合标准的现象出现。为了精确调整模具的中心位置，吴险峰小心翼翼地试验了好几天，仍旧没有成功。他和搭档心急如焚，恨不得卷着铺盖住进车间，睁眼闭眼都是工作。这天也不例外。

"又失败了！"

同事拿着工具，发出长长的一声叹息。

再次记录失败的数据，吴险峰皱着眉头翻看之前的种种试验结果。忽然，他的脑海中浮现了一个新的想法。

"我又有一个主意，你听听看……"

吴险峰兴致高昂，扭头见同事要转身离开。

"你别走啊！"他一把拉住同伴，迫不及待地想要分享新点子。

谁知对方直接把工具往脚下一扔，脸上的表情急躁又带着几分无奈。

"你先别说了，我调整了一下午，厕所都没来得及上！"

看着同事尴尬的神情，吴险峰"噗嗤"一声笑了出来，提到嗓子眼儿的心又放了下来。

他还以为对方是因为失败次数太多，生闷气呢！

得亏这一提醒，吴险峰揽着同事的肩感慨道："走走走，谁不是一下午没上厕所啊！"

说完，他们才发现周围静悄悄的。由于工作太过投入，整个车间的人都走光了，他们都没注意。此时距离下班已经过去两个小时了。

吴险峰放下工具，低头注意到同事今天穿的新皮鞋早已在泄漏的液压油里泡坏了。

他们互相看着对方满身油污惨兮兮的样子不约而同地哈哈大笑。

呕心沥血流大汗，功到迟早见成效。经过多次研究讨论，吴险峰和同事终于成功地调整好了模具的中心位置。紧接着在攻关小组的共同努力下，他们只用了40天便把锚杆加工成套设备完整地制造了出来，解决了公司的难题。这套设备不仅顺利生产出合格的产品，而且将工作效率提高了10倍。后来吴险峰也凭借该设备拿到了内蒙古自治区2006年经济技术创新工程创新成果奖。

挑战"不可能"

吴险峰所在的公司名为国家能源集团内蒙古大雁矿业集团有限责任公司（国能宝日希勒能源有限公司），简称"雁宝能源"，它的前身是在宝日希勒第一煤矿机械厂的基础上建立起来的宝日希勒煤业有限责任公司。公司2005年加入中国央企神华集团，2017年加入国家能源投资集团有限责任公司，吴险峰也得以站上了更大的平台，拥有了更多施展抱负的机会。

铁路运输，是我国煤炭运输的主要方式。在哈尔滨铁路运输线上，每天都会看到运煤的铁皮火车挂着上百节车厢蜿蜒驶过数公里，犹如一条长龙，一眼望不到尾巴。2007年4月18日零时起，中国铁路进行第六次大面积提速，主要铁路干线开始了"时速200公里"的高速运行，标志中国铁路"既有线"提速跻身世界先进铁路行列，开启了"追风时代"。

这一翻天覆地的变化，对吴险峰所在的煤炭行业同样产生了新的影响。因列车运行速度提高，铁路部门为确保铁路运输的绝对安全，加大对货运承载量的治理力度，要求煤炭的装车标准必须做出改变，所装煤炭的高度必须低于车厢的高度，不允许它"露头"。

在新的标准下达之前，其他矿上的煤炭装车后煤炭高度仅仅高出车厢100多毫米，最多只超出车厢200~300毫米，而雁宝能源煤炭装车的露出高度竟高达500毫米。因此，新的标准一出现，很多能源企业都慌张起来，他们宁可少装也不多装，从而出现了亏吨现象。

若公司按照新的标准运载煤炭，那么火车车厢平均每节至少要扣除4吨煤炭的量。也就是说，相同的运费，拉的煤却比原先少4吨以上。1节车厢扣除4吨，10节车厢就是40吨，100节车厢就是400吨！沈阳铁路局平均运费按照200元/吨计算，巨大的煤炭亏损量每年将会给公司造成3000万至5000万的经济损失。

为了不让这笔巨款白白流失，公司上级领导要求必须用最短的时间解决问题。获知这一消息，负责铁路生产技术的部门人员个个低着头、支支吾吾、敷衍了事。如此严重的亏吨现象在全中国乃至世界来说都是个新课题，大家生怕将差事办砸了，因此没有一个技术团队愿意接受这个重大的任务。一时间，场面陷入僵局。

就在众人一筹莫展之际，一位领导灵光一现，脑海中浮现了一个人的名字——吴险峰！

当年的3月份，公司将原先各个矿上的机修厂整合在一起，重新成立了设备维修中心。吴险峰此时已经凭借超高的技术能力解决了许多复杂的难题，取得了不少创新成果，获得公司的无数嘉奖。因此他被公司任命为设备维修中心生产技术调度科科长，主要负责整个中心的生产调度和技术工作。

别人完不成、不敢接的任务，也许交到他手里，便"柳暗花明又一村"呢？

领导们将最后的希望寄托在了吴险峰的身上，提议他负责整个重点项目的设计、加工以及安装工作。

"这项工作我们头一次做，它对于国内所有煤矿企业都是一个新的课题，如果一天不解决，我们一天就要承担10多万元的经济损失，耗不起，你要在最短的时间内完成任务。"办公室中，领导郑重地下达着指令。

"保证完成任务！"

吴险峰回复得铿锵有力，眼睛里透露着坚毅的目光。

其实这项重点任务不在吴险峰职责范围之内，只要他不想干，他有充分的理由拒绝。领导原本还打算煞费苦心地劝说一番，出乎意料的是，吴险峰眼也不眨地答应了。这种敢于迎难而上的勇气着实令大家心生敬意。

对吴险峰而言，心系企业事，肩扛企业责，只要企业有需要，他都会尽心尽力地完成任务。因此常常有人跟他开玩笑："你就是块儿砖，哪里需要往哪搬！"

如何才能实现不亏吨的目标呢？面对这个世界性的新课题、新难题，尽管吴险峰答应得爽快，但是心里也有些忐忑。公司煤炭装车的高度本来就超出其他企业许多，解决亏吨问题的难度系数显然是最大的。另外，他们进行的煤炭降高作业是在车厢运动的条件下完成的，必须保证操作过程中的安全。总之，统筹兼顾亏吨问题和安全问题，这是一项全新的、前所未有的挑战！不谈国内，就是在国际上也很难找到可以借鉴的经验。

这是一项在同行人心中"不可能"完成的任务！

可想而知，对仅仅上任科长一个月的吴险峰来说，他的身上背负着多么巨大、沉重的压力！

寻找解决办法的过程，如同《西游记》里师徒四人取经，非得翻过重重"大山"，跨越无数"河流"，才能够获得"真经"。

吴险峰带领团队开始了早出晚归、夜以继日的苦战。

大家各司其职，有的留在现场反复测量数据、进行模拟实验，有的修改设计方案、组装设备。在任务进行的过程中，有一项内容是对关键处的滚筒、钢丝绳滑轮以及滑道进行找正、安装。要想完成这部分工作，工人必须要在没有火车经过的情况下进行安装，且至少保证连续作业3至4个小时，才能完成一项安装任务。这不但对工作环境有着特殊的要求，还必须考虑工作人员的操作速度。

由于不能妨碍火车的正常行驶，不能影响煤炭的对外输送，吴险峰和同事们只得利用火车通过的空档期进行安装找正，分别是早上5点到8点、下午5点到9点这两个时间段。剩下的时间他们也没有闲着，着手地面设备安装、行人平台制作和安装准备等工作。总的算下来，吴险峰等人每天连续工作的时间都在17个小时以上。

在很长的一段时间里，这般忙碌的场面成了铁路线上值班人员眼中一道美丽的风景。

对于那些工作制度为轮班制的职工来说，上夜班倒时差挺费劲儿，但好歹白天睡足了也能保持充沛的体力，可是吴险峰和团队竟然每天都要工作17个小时，着实令人敬佩。

一个在铁路值班的工人十分好奇，特意在吴险峰休息的时候，问出心里的疑惑："你们的身体难道都是铁打的吗？就算是铁造的机器还有需要上油的时候，你们天天这样连轴转，咋就没听见你们喊一声累、说一声苦呢？"一番话逗得吴险峰和同事们忍俊不禁，吴险峰擦了擦额头的汗，回答的声音浑厚有力："同志啊，苦不苦，想想红军两万五；累不累，看看革命老前辈！虽然我们工作任务重，但是每提前一天完成任务，就能为公司减少10多万元的经济损失！再苦再累我们心里也都觉得值！"

炎炎烈日下，一丝风也没有，空气中弥漫着煤粉灼热的气味，传来阵阵机器碰撞的铮铮声，偶尔还夹杂着工人作业时浓重的喘息。汗水打湿了吴险峰的头发，脑门儿上的汗珠顺着黝黑的皮肤滑到他的脖颈，又调皮地躲藏到了衣服里。在日光的照射下，男人裸露的皮肤被镀上了一层清辉。

日复一日，不舍昼夜，他们全力以赴进行攻关，安装的设备部件重，大伙就齐齐喊着号子搬；遇到高空作业，众人不惧太阳的炙烤也要上……

50天！经过连续50天的艰苦奋战，吴险峰和团队终于解决了装车亏吨的问题。他们将高出车厢的煤炭压到了和车厢一样的高度，达到了铁路要求的标准，还满足了车厢规定的装载吨位，不浪费任何空间。

自此以后，煤炭亏吨再也不是世界性的难题，这一研发成果被国内多家煤炭企业学习、借鉴，每年帮助各企业挽回因亏吨造成的经济损失高达几亿元！

吴险峰完成了攻关任务，挑战了"不可能"，战胜了"不可能"！

省钱能手吴师傅

吴险峰对待工作精益求精、一丝不苟的态度，使得交到他手上的每一项工程他都能保质保量完成。公司交给他处理的重点安装和技术改造工程也越来越多，而且都是时间紧、任务重和技术含量较高的工程。

工作的时间愈长，吴险峰愈发明白自己肩上承担的责任是多么重大。他急切地希望发挥自己的特长，和同事们一起想办法降低企业成本，增加经济效益。

装载机又被称为铲车，主要用于铲装煤炭，也可以对矿石等进行轻度铲挖作业，在煤炭物料的运输过程中具有举足轻重的地位。其内部安装的变速箱通过换挡和变化速度的方式，帮助铲车在不同的路况下行驶，并且还能使发动机在功率较高而油耗较低的工况下工作，极大地提高了铲车的工作效率。不过，一旦变速箱出现故障，检修工作就十分麻烦。

吴险峰观察工友维修铲车变速箱的方法，他们先用天吊（一种起重设备）将变速箱吊起来，好像钓鱼一样，接着把加工成固定规格形状的方形条木放在底部作为支撑，准备工作做好，才可以进行下一步维修。

棘手之处在于，如果工人在维修中途需要变换变速箱的角度，就不得不重新吊起它的另一端，再用木方固定。机械设备体积大，旋转角度受到限制，工人操作起来困难重重，铲车只得保持长时间的停工状态。

2009年，吴险峰设计研制出了50铲车变速箱翻转支架。支架上的锁销能够锁住变速箱，通过一系列简单的操作旋转，可以任意调整变速箱的摆放角度，达到翻转变速箱的目的，并且支架将变速箱固定得更加牢固可靠，提高了维修的安全性和快捷性。

他还特意算了"一笔账"：原本两个人维修一台变速箱需要三天，利用新支架修理，两个人只需要两天时间。少一天时间，便能节省出200元人工费。另外，提升维修速度也缩短了铲车停工时间，一天减少运输损失至少2400元，一年维修20台次铲车变速箱可节约运输损失50000元左右。

常言道：积微成著，聚少成多。若是多研发一些提高能效、节约资金的设备，公司多出的这一笔钱，岂不是又能投入更先进、更便捷的设备研发之中了？这是一个多么良好的循环！

吴险峰的研发激情更加高涨，他摩拳擦掌、跃跃欲试，整日泡在车间里搞研究，新的成果和技术如雨后春笋般不断涌现。

有一次，公司露天矿投入运行的日立1900大型液压铲出现了故障，其两个履带的引导轮和轴磨损得十分严重，无法继续使用。厂家在生产装配时采用的是冷装方式，工人师傅很难在常温下进行拆卸，只能考虑更换整体部件。

吴险峰立刻带领机加车间进行攻关，大胆地应用自润滑铜套技术，即在轴瓦摩擦表面开出排列有序、大小适当的孔穴，再嵌入成型的固体润滑剂。这套技术具有承载能力高、磨损率低、工作寿命长、适用温度范围广等特点，并且避免了因油道堵塞、维护保养不到位等原因造成的铜套和轴过早磨损的问题。原本需要等待两个月才能装上厂家新配件的液压铲，在吴险峰的手里瞬间"复活"了。

得知液压铲能够重新投入使用，公司领导顿时喜上眉梢，他们之前估算若是更换两个引导轮需要花费40万元，而吴险峰的攻关小组仅用了2.5万元就解决了问题。

吴险峰真是一个省钱能手啊！他研发的工具设备在挽回公司的经济损失中功不可没：10立电铲推压电机齿轮拆卸专用工具，解决了困扰职工的维修电铲的难题，节省了3万元以上的材料损失费；推土机引导轮拆卸专用工装，仅需半天时间便可将引导轮拆卸下来，节约10万元的购置资金……

为公司增加效益，帮助整个行业减少损失，吴险峰继续朝着自己的目标迈进！

对"投机分子"说不

　　作为机械厂的骨干，吴险峰永远把工作放在第一位，他勤奋钻研技术，不怕苦不怕累，做事坚守原则，任务完成得又快又好，领导总是很放心地将重点工程交给他负责。这样一个思想上进、在困难面前冲锋陷阵的人，到了公司评优选先的环节，却又甘愿只做团队背后默默无闻的付出者，他从不抱怨工作上的辛苦和劳累，也从不计较个人利益的得失。

　　"为什么呢？"年幼的小险峰也问过爸爸这个问题。

　　那时候的吴宝柱已经从部队复员，分配到哈尔滨市龙江电工厂，在这个军工企业上班。在单位，他始终兢兢业业，任劳任怨，从不计较个人的名利得失，甘愿做一头埋头苦干的"老黄牛"。小险峰虽然不太理解"荣誉"的意思，但是他偶尔会听到有人说爸爸很呆，做好事还不积极表现。

　　所以在一次晚饭后，小险峰问出了心里的疑惑。

　　看着小儿子澄澈的眼睛，吴宝柱表情温和，慈爱地摸了摸他的脑袋，语重心长地解释："爸爸没什么大本事，只希望能够以个人的力量为工厂办一些实事，为国家尽一点儿责任。况且每一位守在工作岗位的同志都付出了很多心血，至于讲贡献、荣誉之

⊙ 吴险峰在车间认真工作

类的，只要企业发展蒸蒸日上，国家未来繁荣富强，我就心满意足了。"

当时，小险峰还对爸爸的话似懂非懂，如今他也参加了工作，终于理解了父亲。

他像父亲吴宝柱一样，处处替别人着想。同事遇到工作上的难题，吴险峰开动脑筋，想方设法帮助对方解决；工人进行危险性高、劳动强度大的拆卸作业，他主动了解情况，热心地帮助他们改善劳动条件。

然而，对待他人热情大方、从不计较个人得失的吴险峰，在工作中却秉持着雷厉风行的作风，常常因为坚守底线，成为大家眼中"不近人情"的上级。

在吴险峰外出负责安装工程时，有些跟他关系比较亲近的下属，或者其他单位的领导，暗地里递话让吴险峰做个顺水人情，把工程配备的一些小材料、小零件送给他们私用。每次遇到这种事，他总是摇头拒绝。

见吴险峰丝毫不给面子，有些人在背后骂他是个死心眼儿，跟头倔驴一样。

吴险峰对这些话充耳不闻，每次出任务前都会向大家反复强调："企业现在这么困难，每一颗螺丝钉都来之不易，缺了一点儿东西工程都无法进行，我们要和企业共渡难关。"

前些年机械厂实行新的工资计算标准，也叫作"计件工资"，哪位职工完成的工单数量多，质量又好，他获得的工资就会多一些。这种方式一定程度上调动了大家工作的积极性，同时也出现只要数量不要质量的现象。有人偷偷设想，要是能在验收设备检修成效、配件加工成果的过程中标准稍微松一松，不但能提升工作效率，还能拿更多的工资，岂不是一举两得？

吴险峰却提前采取了一些措施，将这种想法扼杀在了摇篮里。他始终认为，在科学技术面前来不得半点儿虚假，不合格的东西出厂后，不仅会给生产带来安全隐患，甚至可能造成人身事故，决不能为了眼前的小利而忘了大义，不合格的东西坚决不能出厂，不管是谁找都不行。

还有一次，公司要新建一套平车降高系统，需要采购起重机。因为起重机的质量直接影响整个系统的正常运转，所以公司领导决定派吴险峰和另一位同事去国内知名的起重机厂考察、采购，一定要选到质量符合要求的起重设备。吴险峰在网上搜集了相关资料，又参考了公司供应处和主管设备的机电装备部的建议，将两个跟公司有过长期合作关系的生产商列入了名单里。

当他和那位同事千里迢迢地跑到河南实地考察时，发现供应处推荐的这家生产厂商刚刚建完厂房，竟然连设备都还没来得及安装。更可怕的是，这家小公司根本拿不出特种设备生产许可证，还跟他们解释说许可证暂时没有批下来。吴险峰心想："自己绝不允许这样的企业中标，以免给公司项目造成重大质量问题。"为保证设备的安全可靠，在之后的设备采购招标中，他作为评委并没有推荐这个厂家。

因为总是在工作中直言不讳、坚守原则，吴险峰倔强的性子得罪了不少人，周围一些同事的岗位几经变迁，只有他二十几年雷打不动地守着生产技术调度科科长的职务。

家里人心疼地将这一切看在眼里，多次劝慰他做事不要那么执拗，要学着变通，否则工作会很辛苦。

吴险峰总是沉默半晌，斩钉截铁地回答："企业、社会、国家需要我这样的人，如果都向那些投机分子学习，咱们的国家早就完了，在企业和国家最需要我们的时候，我一定会挺身而出，不忘初心，坚持自己的选择，我无怨无悔。"

永远的守护者

吴险峰的爱人包斯芹，是露天矿场的一个普通工人，同时也是一位乐观、率真、热爱运动的蒙古族姑娘。工作时，包斯芹常常给人一种沉稳踏实的感觉，认真地完成每一项任务；回到家中，她又可以很好地扮演一个妻子的角色，不但包揽了大大小小的家务，还能细心照顾双方的老人，同时也将孩子教育得很优秀。

在周围人的眼中，吴险峰和妻子感情深厚，伉俪情深，称得上模范夫妻。问及保持婚姻美满的诀窍时，包斯芹却讲了一个令她印象深刻的故事。

有次包斯芹出了趟远门，好几天没有回家。事情结束后，她满身疲惫地回到家中，刚推开大门，便被眼前的景象吓到了——天呐！家里这是进贼了吗？

只见屋里乱糟糟的，同她离家前的样子简直是天壤之别！物品摆放得杂乱无章，柜门敞开着，食材被随意地扔在里面，沙发上还散落着不少衣服。

本该是吃饭的时间，但餐桌上只有各种调料瓶横七竖八地倒着，丝毫不见一点儿饭菜。

看到这番景象，包斯芹内心瞬间蹿起了一股火气，愤怒和委屈交织在心头。

她气冲冲地走到丈夫面前想要埋怨几句，却看到对方正弯腰趴在书桌上，专心致志地埋头画设计图。

眼前这一幕将她从愤怒的旋涡中拉了回来，包斯芹默默地转身走向了厨房，开始准备晚餐。

讲到这儿，包斯芹笑着解释道，丈夫吴险峰做起事来就会"两耳不闻窗外事，一心投入岗位中"，他对待工作称得上是殚精竭虑，细致谨慎，表现得十分出色，但在日常琐事中，经常表现出笨拙的一面。

别看吴险峰在工厂里对着机器"呼风唤雨"，维修时也是一副胸有成竹的模样。回到家中，他却连家中日常生活用品的位置在哪都答不出来。

面对一些家庭活动的计划和安排，他总是两手一摆，将决定权交给妻子。每月工资一到账，吴险峰也根本不关心收到多少钱，直接塞到妻子手里。

说起这件事，包斯芹已经释怀了。作为公司骨干、技术创新的带头人，丈夫的肩上不仅仅背负着养家糊口的责任，更是承担

⊙ 2018年，吴险峰夫妻俩在公司组织的乒乓球友谊赛上留影

着整个公司生存发展的重担！比如吴险峰的手机每天都要保持24小时开机状态，一旦生产设备出现故障或者是有重点建设工程项目，他必须随叫随到，而且要用最快的速度解决问题恢复生产。只有机器正常运作，生产顺利进行，千千万万个家庭才能过上好日子。

没有国哪有家？吴险峰为了大家牺牲小家，包斯芹表示深深的理解和支持，并半开玩笑地说："你守护大家，我守护你。"

正是包斯芹为家庭无怨无悔的牺牲和付出，才使得丈夫吴险峰没有后顾之忧，能将更多的时间和精力投入为国家和人民的事业奋斗中。

得妻如此，夫复何求！包斯芹为这个家庭不辞劳苦付出一切，默默地用坚韧的女性力量做吴险峰背后最有力的支持者，所有的感情都深深地刻在吴险峰这个煤海汉子的心中。

吴险峰并没有将妻子的所作所为当成理所当然，反而满心满眼是对她的愧疚之情。但若是给他一次重新选择的机会，他仍然不改初心！如今，国家的发展离不开机器设备的更新、技术的创新，他唯有更尽心竭力地做好工作，取得更优的成绩，才能对得起妻子的真心与付出。

2015年4月28日，吴险峰作为全国劳动模范在北京人民大会堂接受表彰。活动结束，他第一时间拨通了妻子包斯芹的电话："媳妇儿，我当选全国劳动模范了！这份荣誉有你的一半功劳！这些年你太辛苦了，谢谢你！"听到这些话，妻子包斯芹紧紧地攥住电话，激动得热泪盈眶，心情久久不能平复。

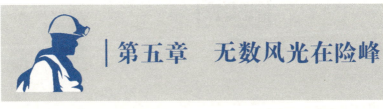

第五章　无数风光在险峰

扫码解锁

◎群 英 颂 歌◎尽显"峰"芒
◎时 代 矿 车◎奋 斗 底 色

走在世界的前沿，

晨昏忙碌与时间赛跑。

奋斗与梦想交织的画卷，

在拼搏的生活中展开。

临危受命挽回损失，

年夜饭里情谊绵长。

思维火花点燃发明奇迹，

险峰之上有无数风光。

走在世界的前沿

　　凭借过人的魄力和见识，卓越的技术创新能力，吴险峰成为名副其实的"技术大咖"，他研发的成果不仅多次填补了国内的技术空白，而且走向了国际，为祖国增光添彩。

　　2010年，公司计划在储装中心快速装车站新建一套车皮降高装置，主要负责煤炭等物料在车厢内的平整压实，且需完成火车车厢一次性通过煤炭的装车、平整以及喷淋降尘等三项工作任务。

　　听说新项目要交给自己负责，吴险峰喜不自胜。他之前一直关注煤炭运输降高的课题，公司这般安排，可真算"刚想瞌睡就有人送上枕头——正是时候"！

　　跟领导见面之后，吴险峰和盘托出自己的设想，他要设计整套设备全自动控制的方案。尽管大家对吴险峰胆大心细的提议早已习以为常，但听完这次的计划，他们还是纷纷露出了惊异的神情，毕竟当时国内还不存在设备自动化控制的先例。

　　从实际情况来看，火车车厢种类繁多，尺寸大小不一，高低长短不同，装载重量不等，车厢编组并未按照其种类进行区分，整得乱七八糟的，怎么能保证机器顺利进行自动降高作业呢？

万一失败，整个生产和运输的流程都将受到很大的影响。

一句话，理想总是很美好的，现实总是很残酷的，这套方案实践起来无疑是天方夜谭。

考虑到种种风险因素，领导最终拒绝了这个提议，决定采取以往旧式的设计方案。

吴险峰对这个结果早有心理准备，工程项目最重要的是平稳进行，大家不会轻易接受这个略微冒险的挑战。虽然方案在这项工程中夭折，但是吴险峰并没有放弃它。他积极投入新设计方案的实施中，下班后一个人琢磨如何把全自动控制设备设计得更合理、更完整。

苦心人、天不负，卧薪尝胆，三千越甲可吞吴。无论在生活上还是工作中，每个人都会遇到不尽如人意之事，越是在这种情况下，越不能灰心丧气，而是要重整旗鼓，暗中蓄力，厚积薄发，等候时机。

一年过去，这个项目经历了安全评估、领导变动等情况，进程搁置到第二年，最终由一位总工程师重新主管。考虑到机械加工技术较前一年也有了新的进步，吴险峰再次提出关于整套设备全自动控制的设想和方案。

听完吴险峰有条有理的介绍，总工程师脸上已隐隐露出激动的神情，接着毫不犹豫地表态："好！我支持你！好好设计吧，我们要做全国第一个实现全自动控制的平车降高系统！"

感受到领导给予自己充分的信任，吴险峰信心倍增，干劲儿十足。为确保车皮一次性通过平车降高作业的方案是万无一失的，他事必躬亲，宵衣旰食。考虑到设备使用时可能出现的故障，吴险峰设计增加多处部件的检测和控制系统，比如当计算机系统发生故障时，另一台计算机便会自动投入运行中，实现无间隔切换功能。如此深谋远虑，真正保障了设备的安全，既经济又合理。

如果有职工在工作间看到一个昂着脑袋、眉头紧锁、杵在设备前像块儿木头的男人，不用多猜，一定是吴险峰又在苦思冥想什么问题。若是在下班时间碰到他，也不用提醒他离开，反正不寻到灵感和头绪，不找到解决方法，他绝对不会移动半步。

时光流转，执着的追求不改，吴险峰带着锲而不舍的信念，为破解难题苦苦求索。千锤成利器，百炼成纯钢，经过两年多的设计、制造、安装和调试，2012年，全自动平车降高系统终于在万众瞩目之下闪亮登场！

听着机器投入运行时"轰隆隆"的响声，吴险峰笑着接受大家的掌声，转头却悄悄擦拭了一下湿润的眼角。

这是国内第一个实现全自动控制、降高效果最好的车皮降高装置，它的投入使用，极大地缩短了煤炭车厢站停需消耗的时间，增加了公司的外运能力。另外，该装置还有效地解决了煤炭运输产生的扬尘对空气造成煤尘污染等环境问题。

吴险峰设计的全自动平车降高系统，不仅为中国煤炭运输平车降高作业打开了新的局面，推动了煤炭行业的进步，还向全世界证明了中国制造的水平和实力。这个项目在国际上处于领先地位，因此吸引了加拿大等国家的煤炭企业前来中国学习和考察。

⊙ 2012年，吴险峰荣获呼伦贝尔市"金牌工人"称号

作为设计师的吴险峰，更是凭借此项目先后拿到"内蒙古自治区职工经济技术创新项目一等奖""全国煤炭系统职工技术创新成果一等奖"两项大奖。

中国正走向世界科技创新的前沿，吴险峰要做走在时代前面的奋进者！

与时间赛跑

2011年除夕当天的经历，吴险峰至今还记忆犹新。回想起来，他仿佛还能看到同事们为解决皮带机电机故障煞费苦心的样子，闻到深夜那顿香气四溢的年夜饭。重新谈起那顿难忘的年夜饭，便不得不提在当天为拆卸轴承座做出重要贡献的"大功臣"——多功能移动式卧式压力机！

大型设备的维修之所以复杂困难，原因之一是设备的某些部件实在难以拆卸。比如上述那起皮带机电机故障，轴承座和轴磨损抱死，根本无法卸下来。若不是吴险峰临时起意，大胆尝试使用多功能移动式卧式压力机，想必轴承座逃不脱被割废的命运。

拆卸轴承座是这台卧式压力机自打"出生"以来的第一项任务，起初大家并没有抱太大的希望，未曾想这家伙如此争气，迅速地完成了任务。作为卧式压力机的研发者，又亲眼看到它展示本领，吴险峰脸上露出老父亲般欣慰的笑容。

时光倒流回2010年，那时他已经有了想要研发卧式压力机的主意。

公司购买的大型设备日益增多，在设备发生故障后，工人的维修量也大大增加。一旦需要维修更换大型部件，拆卸便成了摆在他们面前令人头痛的第一道难题。

以往，皮带机减速机输出轴的油封老化，引发漏油事故，维修工人必须更换新的油封。然而输出轴上的联轴器尺寸非常大，之前机械加工时采用的又是过盈配合的方式，两个部件被紧紧地嵌在一起，想要卸掉需要耗费九牛二虎之力。厂里也没有合适的专用拆卸夹具、液压缸等，只能先用三爪把杠使劲儿卡住联轴器的外缘，再用氧乙炔焰加热，用大锤震动的方法拆卸工件。这样的拆卸过程需要在5到6人的配合下，耗费一天的时间才能完成，实在是耗时又费力。

还有，故障机器笨重，在拆卸途中稍有不慎会导致固定位置的卡爪脱手，向外崩出，破坏被拆工件的表面。哪怕是多加几道铁丝、绳子牢牢固定卡爪，也会因为其受力过大导致崩开。不仅极易危害周围工作人员的生命安全，而且加重了工件拆卸的负担，降低了本就不高的工作效率。

除此以外，棘手的设备拆卸问题也令公司的经济效益损失惨重。比如刮板机的链轮遭到磨损后，因无法将其拆卸下来更换，厂里只能直接换一整套机尾滚筒。两个链轮材料费仅为2万元，但购买一套滚筒材料却要花费10万元，这样明晃晃的数字比较起来，着实让人心痛。若缺少专业的拆卸工具，工人只能对故障部件进行破坏性暴力拆卸，导致这些昂贵的大型部件无法再投入使用，重新购买又要花费不少钱。据不完全统计，公司每年仅因破坏性拆卸工件而产生的经济损失，就高达几十万元，再算上因拆卸困难导致生产停工等种种间接损失，总费用更是令人咋舌。一家企业浪费如此之多，那么全中国加起来仅在这一项上的浪费又该是一个多么庞大的数字！

"用咱们现有的把杆、千斤顶来拆卸部件，稳定部件的三抓卡很难抓得牢固……"

"说的是啊，采用先加热、后使用大锤震动拆卸的方法效果也不好……"

敏锐细心的吴险峰每每听到工人们的抱怨声，想到企业不必要的经济亏损，他就会变得忧心忡忡，整日想着研发一种拆卸工具。

现代社会做什么都讲究效率，重视物尽其用。不信你看外面的餐馆，什么一鱼多吃、一鸡多吃，店家变着花样地做菜，坚决不浪费任何一个部位。画图用的油性彩笔，头尾是两种不同的颜色，只需来个180度旋转，一支笔就能顶两支用。

吴险峰听取大家的想法和建议，若是有一样设备，能够实现不同的拆卸功能，岂不是一举多得？他认真记下工友们难以处理的问题，设计完草图后，开始动手制作适合现场维修使用的专业设备，并及时根据实验结果进行修改。

他开拓思维，特意设计了三爪、四爪两种可自由调节的拆卸滑道，工件适合三爪那就安装三爪，四爪用着方便那就安装四爪；他还给压力机分别配置了50吨和200吨双作用油缸，尽量满足使用需求；为拆卸各种样式的工件，吴险峰配备了不同的拆卸夹具，不论机器设备组装得如何复杂，工人都能"对症下药"，拆卸得完美利落，工作环境也更加安全。

除了发挥拆卸功能，这台卧式压力机还能折弯各种型钢，也能进行拉伸、冲压动力源等作业。只需要将防滑拨轮器四爪拆除掉，替换安装上工作平台和链接螺杆，便可以轻松实现一台机器多功能使用的目的。

为提高使用频率，吴险峰特意将压力机油缸、泵站的体积设计得十分小巧，重量也比往常轻上许多，使设备能被工人便捷地带到维修现场，减少破坏性拆卸的可能。同时也为故障设备赢得更多的抢修时间，避免其长时间停机和中断运输。

数不清的研究和加工制作，无数次艰难的尝试，一台多功能移动式卧式压力机在吴险峰的手中诞生了！

正因为他为压力机的研发而呕心沥血，才使得第二年春节那场令人惊心动魄的轴承座抱死事故得以迅速解决。原本需要耗上将近10天的检修工作，有了这台设备的"小试牛刀"，工人们仅用两天时间便完成了抢修任务。

在紧迫的抢修工作中，多浪费一秒，都有可能对已经故障的设备造成更严重的损害。当时国内并没有针对矿山维修拆卸各类大型部件的专用压力机，且能自由移动到维修现场。吴险峰这一项目的成功研发，填补了国内相关方面的空白，为各个厂矿企业处理紧急故障工作的质量和效率带来了极大的提升，挽回了企业巨大的经济损失。

临危受命挽损失

　　设备维修的工作要求工人熟练地掌握技术，同时也需要操作者具有过人的胆识和临危不惧的心理素质，这样才能在事态紧急的情况下依旧镇定自若，想出办法挽回损失。

　　2011年公司筛分厂进行系统改造，将二级破碎机下方的漏斗进行改造和更换，换成具有分流功能的分叉漏斗，被分叉漏斗分出的煤炭，通过新投入的刮板机和皮带输送机输送到新建的锅炉房储煤仓，为锅炉房供煤。看完内蒙古设计院提供的方案后，相关部门的成员均面露难色。若按照设计院的想法，仅安装分煤漏斗便需要耗费10天时间，并且还要对筛分系统集中控制线路和暖气管路分别进行改线。这样的安装方案工程量很大，还会影响到煤炭装运车的对外运输，初步估计公司将少销售100万吨煤炭。

　　公司领导召开了多次会议，试图找出一个两全其美的方法，既顺利安装分煤漏斗，又不至于损失惨重。然而几次商讨下来，众人仍是一无所获。

　　吴险峰接到临时通知，明白任务已经迫在眉睫，但多年的工作经验提醒他，此时必须保持冷静。他火速赶到安装现场进行实地考察，测量完现场房屋以及有关设备的尺寸后，吴险峰在家连夜设计图纸。

第二天一大早，众人都等着吴险峰说出自己的看法，谁知他竟然直接表示不用设计院的方案。这实在是太大胆了！大家心照不宣，若是放弃设计院的专业意见，等于将整个责任揽在了自己身上，这要承受多么大的压力啊！这吴险峰可真是天不怕地不怕……

面对同事们吃惊的目光，吴险峰面不改色，拿出自己的设计方案认真解释，铿锵有力的声音传送到每一个人的耳朵里。他提出改变分煤漏斗的转载刮板机原本的安装位置，在原有的漏斗侧面破开一个口，加上一个自制的可调节输煤量的翻转漏斗。这样无需对原有的漏斗进行加工和更换，即可实现将煤炭分流到刮板机的原设计功能，大大缩短了安装时间。

听着吴险峰胸有成竹地讲解，所有人都被深深地震撼了。谁也想不到，仅仅过了一夜，他竟能拿出一套合理的方案。希望的火苗在大家心中燃起，他们决定采纳这个意见。

结果没有令众人失望，按照吴险峰的设计方案，工人只花费了四个小时，且是储煤仓满仓的情况下成功安装分煤漏斗，同时，在储煤仓内装满煤炭的情况下，进行漏斗的安装，仓内的存煤还能保证12个小时的运输需求，完全不耽误煤炭外运装车。

吴险峰的挺身而出，帮助公司解了燃眉之急，挽回了1200多万元的经济损失。

难忘的年夜饭

"爆竹声中一岁除，春风送暖入屠苏。"伴随着鞭炮声声，又到了一年中的除夕夜。街道两旁挂满了灯笼和彩灯，点缀着绚丽的色彩，照亮了整个城市。孩子们兴奋地玩着鞭炮，仰头看着一串串爆竹在空中绽放，勾勒出美丽的烟火画卷。家家户户也贴好了窗花对联，正围坐在温暖的屋子里，喝着热茶，聊着天，分享着对新年的期许。

热气腾腾的佳肴接连被端上各家的餐桌，在这个特别的日子里，人们怀着无比期待的心情等待着这顿丰盛的年夜饭，尽情地享受着团聚的温暖和欢乐。街道的每个角落都弥漫着浓浓的年味。

然而，与其他家庭热闹非凡、其乐融融的场景相比，吴险峰家里却显得异常冷清。妻子包斯芹忙碌地准备着晚餐，尽力让家里有过年的氛围，但是频频看向手机的动作还是暴露了她的担忧：丈夫还能赶得上吃年夜饭吗？

那么，本该一家人团聚的除夕夜，吴险峰到底去哪了呢？

时间回到大年三十的早上六点，正在梦中与周公下棋的吴险峰忽然被手机铃声惊醒，他接到了公司委派的紧急任务。具体情况是，储装中心穹顶仓新投入使用的一条皮带机电机突发故障，目前处于单机运行状态，很可能随时因电机过载而出现过热损坏问题，影响生产工作。再加上春节期间本是"保供煤、保供暖"的关键时期，除夕夜千家万户都守在电视机前看春晚，供暖和用电的需求量急剧增大。公司若发生停产事故，不但会影响居民的正常生活，而且也会给企业造成无法挽回的巨大损失，甚至会影响到企业的声誉。

挂断电话后，吴险峰没有迟疑，立即联系几个车间技术骨干，一同匆匆忙忙地赶到了事故现场。储装中心的检修人员焦急万分，早已经等候多时。待见到吴险峰的身影，他们才仿佛吃了一颗定心丸，积极地配合工作。

冬季寒风凛冽，滴水成冰，吴险峰的汗水却湿透了衣衫。他们花费了近7个小时，才将电机运回到机加车间。此时已经是下午一点钟了，吴险峰等人谁也没有想起吃饭的事情，一鼓作气开始对电机进行拆卸，分析设备出现故障的原因。

经过检查，技术员发现是电机轴承的珠粒脱落下来，导致轴承座和转子轴发生了直接接触，后因摩擦产生深沟和高温，互相咬合粘在了一起，无法拆卸下来。

一个有经验的技术员两手一拍，说出解决办法："咱们直接把轴承座割掉换成新的，再将轴补焊后重新加工不就行了？以往都是这样处理的。"话音刚落，储装中心跟来的检修人员摇了摇头，否定了这个建议。他解释说，面前这台电机是工厂新投入使用的，大家谁也料想不到这么快就出了故障，根本没来得及采购备件。更何况今天还是大年三十，备件厂家还有物流公司早就放假过节去了，哪能立即找到人更换新配件呢?

"说得对啊，要么咱们就等到初五工厂上班购货，要么就干脆在车间重新加工一个。"另一位同事也提出了方案。

"不能等啊!等到一周后拿到配件再修理设备，黄花菜都凉了!"

"加工也不行，咱们一时半会儿也搞不到原材料啊，做不成做不成……"

车间里的几个人七嘴八舌地商讨着，提出的解决办法却又很快被否定。很快，面前的问题让大家束手无策。

吴险峰静静地站在一旁，认真听取每个人的意见，同时在脑海中酝酿着一个想法:既然没有新的备件可以更换，以往的办法行不通，那不如试试直接拆?

说完自己的想法，他径直走到车间角落的一台机器旁，当着大家的面拍了拍它崭新的躯体。

"这能行吗?"一些人带着怀疑的眼神看向吴险峰身边的大机器。那是车间不久前制造完成的一台移动式多功能小型压力机，它的液压缸的压力能达到200吨力每平方厘米。它也是吴险峰专门设计用来拆卸各种难以解体的工件的。按照他的描述，可以先用压力机尝试拆卸轴承座，如果不行，那就只能像往常一样割旧换新了。

领导眼中闪过一丝犹豫，吴险峰设计的压力机还从没有使用过，万一卸不掉……

"试试再说！咱们要相信险峰！"瞟了一眼稳如泰山的吴险峰，负责人最终拍板答应。

有了上级的首肯，吴险峰立刻指挥同事搬运电机设备，把轴承座和转子一起用天车吊起来。待固定好位置，他启动多功能压力机，先用四个拉爪卡住轴承座，再用氧乙炔焰加热，缓慢调整压力机的压力，逐渐加大液压缸的压力。这一过程整整耗费了20分钟，其间吴险峰屏息凝神，鹰隼般犀利的目光紧盯着操作台，周围同事也是全神贯注，小心翼翼地配合着工作。

只听"咔嚓——"一声，电机原本的轴承座被顺利拆卸下来。

"成功了！"同事们欢呼一片，吴险峰这才来得及擦掉脸颊两侧的汗珠，心中的一块儿大石头落了地，他的眼底一片欣慰。

忽然，不知道是谁的肚子发出"咕噜噜"的声音，在一众庆祝声中显得异常明显。

一个职工不好意思地揉了揉肚子，憨憨地笑着："早上吃了几个饺子就跑来了，可能是又馋了……"

一听到"饺子"，吴险峰回忆起清晨冲出家门时，瞥见餐桌上冒着热气的饺子，想必一定很美味。他下意识吞了吞口水，同时又想起自己还答应妻子早早回家吃年夜饭呢。

钟表滴滴答答走着，时针已指向十一点的方向。此时，车间外的风雪愈发大，夜更深了……

看到眼前拆卸了一半的设备，吴险峰将愧疚埋在心底，扭了扭僵硬的脖子，活动了一下肩膀，转身投入修理工作中。

得了，检修尚未成功，同志仍须努力啊！

众人你瞧瞧我，我看看你，尽管早已饥肠辘辘，但他们还是纷纷拿起手中的工具，继续投入战斗。

从早上六点直到深夜，吴险峰和同事们一直忙于工作。正当他们决心饿着肚子修理设备时，车间门口突然传来喊声。

"饺子来喽！"

随着门被推开，众人食指大动，一阵诱人的肉香扑面而来。

负责职工餐饮的厨师如变魔术般将散发着香味的食物一盘盘端到大家面前，亲切地说道："吃完饭才有力气干活儿嘛！今天咱们就在车间过年！"

得知厂里特意安排了厨师为大家准备年夜饭，每个人的脸上都洋溢着感动和喜悦。职工们劳累了一天，肚子"咕噜噜"的声音此起彼伏。他们一同围站在修理台旁，狼吞虎咽地吃着饺子和牛肉。

"好吃吗？"厨师期待地看着大家。

"好吃！好吃！"夸奖的声音此起彼伏。

一个技术员吃得红光满面，抱着碗不撒手："我觉得这顿饺子，是我这些年来吃过最好吃的！"

闻此，众人开怀大笑起来。

除夕夜，团圆夜，吴险峰却和同事一起留守在车间工作。听着外面传来的烟花爆竹声，他放下手中的碗筷，猜想家里的人已经坐在电视机前看起了春晚。

他又联想到家家户户灯火通明，温暖如春，也许邻里乡亲正听着小品里搞笑逗趣的台词，时不时传来几声笑语。如果能尽快修复好电机设备，恢复正常的生产工作，保证千家万户的取暖和用电需求，这样的温暖、这样动听的笑声便能够一直持续下去，自己苦点儿累点儿又算得了什么呢？他甘之如饴！

想到这些，一种幸福感缓缓涌上心头，消除了吴险峰满身的疲惫。

迅速地吃完饭，他和同事们又继续投入检修工作中，有的补焊轴承座，有的补焊转子轴……直到大年初一中午12点，吴险峰看着装备完成的电机被储装中心人员拉走，才心满意足地下班。

回到家中，吴险峰实在是熬不住了，一言不发，倒头便睡。他已经连续工作了30个小时，这一觉足足睡了20个小时才醒。半睡半醒间，他似乎听到妻子在耳边小声地抱怨，怪他又不爱惜身体。吴险峰很想跟妻子道声歉，最终他的嘴唇嚅动了几下，只是无力地吐出一句："还好，没耽误老百姓吃年夜饭。"

敢为人先勇尝试

吴险峰就职的公司拥有国内最大的露天矿，它的设计年产达到3500万吨。作为国内一处高产高效的矿井，矿上作业使用的都是来自美国、日本等地进口的先进设备，包括大型运输车和其他工程设备。已经投入使用的是美国制造的MT4400自卸卡车，它的煤炭装载量可以达到220吨，极大地满足了公司的运输需要。

凡事皆有两面性，这些设备的部件结构极其复杂，重量也不轻，且研发技术遵循保密原则，生产厂家也不配备专用的维修工具，万一部件出了故障，无论是拆卸还是安装，厂里的维修师傅很难下手。

公司无法处理，只能联系原厂家更换部件，哪怕只是坏了个零件也必须以超高的价格购买整个零件集合体，费用达上千万元，除此之外别无他法。再加上这些设备都是进口的，从国外发货又浪费了不少时间，等上个一年半载更是常态。

种种问题严重制约着露天矿的正常生产，吴险峰留意这些情况，既着急又心疼，一有空就思考对策。

有一次，日本生产的日立1900液压铲突然发生故障，大臂销子意外蹿出致使大臂断裂，整台液压铲变形也十分严重。这类事故在国内还是第一次发生，根本没有维修经验，另外，大臂不属于易损件，厂家也没有库存，即使立即生产，生产时间也需要半年。唯一的处理方式就是联系生产厂家重新生产大臂，再运回国内。

维修中心的领导很着急，要求车间想办法进行维修，吴险峰联系到厂家人员，询问大臂的材质和焊修工艺，厂家人员说："坏到这种程度还能修好，我们从没有过先例，你们就别费那个劲儿了，买新的吧。"

一起工作的同事也对他的行动也都抱着半信半疑的态度。

"厂家说这是技术保密的东西，别的矿都是换新的，谁也没修过，能修吗？"

　　其他人有这种顾虑也是正常的，毕竟那么多矿厂，大家都选择更换新配件，肯定换新的最省事，又何必自找麻烦呢？

　　吴险峰虽然理解这样的想法，但并不赞同。傍人篱壁的日子实在是太煎熬了，难道他们要一辈子都跟在别人屁股后头，非要等到人家研发成功之后才肯上手吗？

　　自己偏不信这个邪！

　　他的胸腔仿佛有团火在燃烧，语言掷地有声："咱们牙口不好，不能做第一个尝螃蟹的，可柿子是软的，就不能做第一个尝柿子的吗？遇到困难就躲，要咱们工程技术人员干什么？"

　　这番由衷之言重重地敲击着在场每一个人的心灵，是感慨，同时也是质问。

　　见众人的内心有些动摇，他继续劝说道："在配件没来之前，咱们没准能够把它修好，这么昂贵和重要的设备提前几天都能带来很大的效益啊，为何不能试试呢？"

　　吴险峰对同事们晓之以理，动之以情，使得大家同意了他的想法——做不成第一个吃螃蟹的人，那就做第一个尝柿子的人！

　　创新工作室的电焊工们一起研究分析大臂的材质，吴险峰同步组织机加车间制作加工对位找正所用的芯轴，并采取措施防止焊接应力导致大臂变形。经过15天的辛苦努力，他们成功完成了大臂的焊接修复工作，投入使用后完全达到了液压铲的精度和强度要求，创造了又一个奇迹。

　　一年之后，生产厂家的成品才姗姗来迟……

　　勇猛、大胆和坚定的决心，是吴险峰排除万难、冲锋攻坚的武器。多少次面对别人不敢处理的故障设备，他总是挺身而出，运用奇思妙想设计制作专用的拆卸、安装工具，无所畏惧地给进口高端设备"动手术"，是同事们心中的"好医生"。他用实际行动告诉大家：永远不要因为害怕失败而拒绝尝试！

　　醒目的字迹从纸上褪去，一个身影缓缓浮现在人们眼前，只见他扶了扶头上的安全帽，拿起维修工具，冲着一台出现故障的进口设备倔强地喊道："困难面前有我们，我们面前无困难。别人没做过的事不等于我们做不了，走着瞧吧！"

矿区"发明家"

　　工作中的吴险峰善于学习，勤于思考。他大胆建议企业引进新设备，比如空气等离子切割机、液压剪板机、液压折弯机、点焊机、氩弧焊机、二氧化碳焊机、全自动数控锯床等等。每当新型设备进厂，吴险峰都抓紧时间学习掌握各种设备的操作方法，接着对厂内技术工人进行培训，帮助他们更快更好地将新设备、新技术应用到实际检修工作中，为公司生产创造巨大的效益。

　　同时，他更懂得科技兴国的重要性，努力摆脱对国外技术的依赖，强调自主创新。细数吴险峰这位"煤海技术尖兵"的科技履历，在近30年的基层工作中，他立足实际，专注科技创新，勇于开拓发明，成为国能集团科技发明方面的佼佼者。他的每一项研发成果，都在技术改造、科技攻关工作中发挥了重要作用，也给企业带来了巨大的经济效益，填补了多项科技空白。

吴险峰仿佛一只"哆啦A梦"，不管是遇到设备故障，还是生产事故，他都能"变"出来合适的工具解决问题。他对创新的热爱不仅仅表现在工作中，在日常生活方面，吴险峰也发明了不少"小玩意儿"。

冬天厚厚的积雪难以清扫，妨碍交通，让人们头痛不已，吴险峰设计了一种积雪清扫机，可以将高低不平路面的积雪清除干净。旅行途中，他观察到游客经常因找不到电脑、手机的充电源而急得团团转，就尝试发明了一种自带发电系统的多用行李箱。新冠疫情防控期间，他发现人们在大风天气出行时，戴着一次性医用口罩迎风走路很容易"呛风"，便和同事们一起研究设计了实用的防"呛风"口罩。鉴于数不胜数的成果，吴险峰被大家亲切地称为矿区"发明家"。

一次采访中，记者好奇地请教他："你搞发明的动力和诀窍是什么？"

吴险峰粲然一笑，信心满满地说："工作上遇到了困难，就是我发明的动力，而解决问题的最好办法，就是向科学技术进军，就是立足工作岗位推陈出新，发明创造……"

第六章　星火已燎原

扫码解锁

◉群英颂歌◉尽显"峰"芒
◉时代矿车◉奋斗底色

你是技术创效的探索者，

累累硕果点缀你的征程。

开设工作室，智慧进发，

团结技术员，同心协力。

善意自心来，润物细无声，

热忱之火照亮新时代之路。

技术创效我最行

　　小时候，吴险峰的愿望是拆开爸爸的收音机，然后熟练地组装回去；参加工作以后，他的愿望是制作一些简单的工具，帮助工友们减轻劳动负担。

　　2011年，吴险峰已经在设备维修中心机加车间担任主任。如何在设备运作中提高劳动效率、如何帮助工人减轻维修压力，成了整日盘踞在他心头的大事。

　　随着企业不断发展壮大以及设备更新，大型高压电机的维修任务量也逐年增多。在吴险峰的提议下，机加车间采购了一整套高压电机和直流电机的维修及实验设备，还派遣人员前往维修厂家学习高压电机维修技术。吴险峰去维修厂家参观学习时，恰好看到工人师傅们正在电机大修车间拆卸一台高压电机的线圈。只见十几名工人相互配合，有条不紊地操作：这边有人使劲儿用撬棍别，那边有人狠抡大锤砸，还有人举着尖铲扣……他们轮流使用工具，全力以赴地应对这个"铁家伙"。尽管大家累得满头大汗、气喘吁吁，但即使如此，拆卸一台电机的线圈至少还需要三天时间。

　　吴险峰看大家如此辛劳，心中暗自嘀咕：拆卸一个电机线圈都需要这么多人，花上这么久的时间，那其他工作还怎么进行？

他想到自己单位未来也避免不了对高压电机的维修，目前电机车间只有五个人，包括三位男同志和两位女同志。参考上述企业的工作进程，一旦需要更换电机线圈，这五位同志岂不是要干上一整个月？

越想越担心，吴险峰打定主意要设计一种工具，能够用来拆卸高压电机线圈，帮助同事降低劳动强度，提高整体工作效率。

培训一结束，吴险峰回到单位，立刻着手研究此事。他带领身边的车间技术骨干反复论证，共同制作出一套液压拆线机。有了它的帮忙，原本预计需要十几个人参与、花费三四天才能完成的电机线圈拆卸任务，仅靠两个人用一个小时便能轻松解决。

另外，他还贴心地考虑了职工维修作业的工作环境。天气炎热时，可以打开设备的轴流风机朝车间输送风力，营造凉爽的拆卸环境；维修途中，线圈因加热产生大量的烟气释放到车间，危害人体健康，轴流排烟风机能直接通过排烟罩和管路将烟气无害化处理并排放到室外。

吴险峰研发的液压拆线机可以成功拆卸1000千瓦及以上的各个种类的电机线圈。中国电机维修行业之前还没有出现专门拆卸高压电机线圈的机械，它的出现填补了这方面的空白，为该领域做出了重要贡献。

当时还有一个检修方面的问题困扰着工人，那就是公司大型运输车辆轮胎的维护和更换。由于轮胎被频繁拆卸和紧固，时间一长，轮毂上的螺栓孔就会出现磨损，直径变大，无法继续使用。维修师傅无法现场加工，只能将重达8吨的轮毂卸下来，运到机加车间进行钻眼和攻丝。这样搬运一个来回，至少需要6到8个人共同配合，工作时间长达一周，极大地降低了运输车的出动率。

吴险峰研发了一台万向摇臂钻床，它实现了任意角度、任意位置的钻孔和攻丝，能够很轻松地被带到现场使用。维修师傅完全不需要拆卸轮毂，只需两个人干一小时就可以完成一台车的轮毂螺栓孔维修工作，提高效率将近百倍。

在漫长的工作岁月中，吴险峰真心实意地为同事着想。他广搜资料信息，重视科技创新，大胆引进和应用新设备、新工艺，积极改变公司机械行业设备老化落后的现状。凭着"不撞南墙不回头"的精神，带着源源不断的创新动力，他研制出了一台又一台新型设备，保证人工作业的安全，提高工作效率。

吴险峰设计了工程车辆发动机维修翻转架和大型电机转子安装器，前者既减轻了劳动强度，又保证了人员的安全，还提高了检修设备的工作效率，后者在节省人力的同时直接将工作效率提高10倍。

他研制的油缸拆装机，能够满足直径从几厘米到几十厘米、长度从不足1米到10米的油缸的拆卸和安装需要，作业人数降为2人，效率却比之前提高几十倍，为公司后来实现自主维修所有油缸打下坚实基础。

吴险峰一切从实际出发，一切以工友需要为落脚点，想大家所想，急大家所急，帮助他们解决工作难题，努力改善劳动条件，事了拂衣去，深藏身与名。

⊙ 上图　吴险峰在焊接电铲电机线圈
⊙ 下图　吴险峰（左一）和同事一起安装调试工程车辆发动机翻转架

这样的精神，有谁不感动？这样的项目负责人，又有谁不尊敬呢？他把同事放在心上，同事也把他放在心上。即使工作再苦再累，和吴险峰在一起工作的人也都没有怨言，他们积极配合完成每一次任务。

"我喜欢研究，通过解决工作中的困难和问题收获很多知识，也收获了快乐！"吴险峰这样解释。

带领大家多做几项科技发明，多学习先进的维修技术，为企业解决生产实践中遇到的技术难题，帮助职工减轻劳动强度，是他简单又质朴的愿望。

硕果累累

在事业的峰峦上，汗水汇聚的溪流飞淌；在人生的高塔里，心血铸就的阶梯高升。成功者手中丰硕的果实，是用辛勤的汗水和心血浇灌出来的。

吴险峰从一名籍籍无名的技术员，逐渐成长为一个攻关克难的科研能手、企业技术创新的引领者。他带着不畏艰苦、不惧困难的信念投入工作，历经多少次试验、多少场攻关、多少天的日夜坚守，最终换来如今的成绩斐然，拿到无数奖励和荣誉。

在一个寒冷的冬天，车间职工面带忧色地找到吴险峰，向他汇报了一个特殊情况：电铲进行装车时，由于夜间雾气大，工人视线受到影响，难以精确识别位置，电铲铲斗常常磕碰到卡车车厢，造成箱斗损坏变形。此外，大块儿煤炭倒进车厢产生的巨大冲击力，同样导致后箱板变形，焊口开裂。

苦于没有专用设备，工人师傅只能采用大锤砸和装载机铲斗压的方式来处理变形的箱板，如此不仅费时费力，而且修复一个后箱板需要3个人工作2天，如果箱板变形严重则需要3个人工作4天。这样的方法维修成本高，工作量大，修理时间长，但是修复效果往往不甚理想，达不到出厂的要求。

吴险峰将职工反映的问题记在本子上，白天利用空闲时间查资料、与操作人员沟通情况，晚上熬夜作图、设计专用工具的零部件。经过几天几夜的刻苦钻研，"钢板整形校直机"的草图跃然纸上，大家仿佛已经听到机器运作的响声。

这台专用箱板整形压力机，可以将箱板变形之处用液压缸压平整，等其完全恢复原状后，工人再进行焊接作业，极大地缩短了维修时间，提高了维修质量。除此以外，该设备还具有普通压力机的功能，广泛应用于宽度3.5米、高度1米之内，长度无限的任意零件的拆卸与安装工作。2020年，吴险峰凭借该成果获得内蒙古自治区职工创新成果三等奖。

细数吴险峰30年来手中大大小小的成果，实在称得上是果实累累。其所获（部分）荣誉如下。

序号	项目名称	时间	获得奖项
1	普通锚杆和大螺距锚杆加工设备制造	2006年	内蒙古自治区职工经济技术创新工程创新成果奖
2	液压拆线机	2013年	内蒙古自治区职工技术创新成果二等奖
3	液压拆线机	2013年	神华集团职工技术创新成果三等奖
4	大型电机转子拆装器	2013年	神华集团职工技术创新成果优秀奖
5	大型电机转子拆装器	2021年	内蒙古自治区职工优秀创新成果二等奖
6	全自动平车降高系统	2011年	神华集团首届"创新杯"青年创新奖三等奖
7	全自动平车降高系统	2013年	内蒙古自治区职工创新成果一等奖
8	全自动控制平车降高系统	2014年	全国煤矿职工技术创新成果一等奖
9	大型多功能四柱式卧式压力机	2015年	神华集团职工技术创新成果二等奖
10	大型多功能四柱式卧式压力机	2022年	全国煤炭系统职工创新成果二等奖
11	钢板整形校直机	2022年	全国煤炭系统职工创新成果三等奖
12	钢板整形校直机	2020年	内蒙古自治区职工创新成果三等奖
13	大型推土机、液压挖掘机履带焊修再造技术研发	2020年	全国煤矿优秀"五小"成果二等奖

⊙ 2020年，吴险峰荣获"第一届内蒙古自治区职工技术创新成果展三等奖"领奖时的留影

他研发的大型多功能四柱式卧式压力机在普通压力机的基础上实现了下工作台可移动，并且可根据检修部件的大小长短调整上下横梁距离，防止被拆卸部件不牢稳造成安全事故。再加上其他辅助性功能，这台多功能卧式压力机属于国内首创。

每到寒冷的冬季，露天矿周围空气温度极低，从地下挖出的煤炭和土方温度相对较高，甚至冒着热气，它们在同车厢冰冷的钢板发生接触时，便会粘在表面。生产厂家为防止冻粘效应，在车厢底部均匀布置烟道，利用发动机产生的尾气经过烟道这一途径，加热车厢底部。缺点在于，尾气遇冷液化为水，不能完全排出烟道，导致车厢被腐蚀、焊接部位开裂。

吴险峰和组员研究后，决定采取加装排水系统的办法，使得车厢底部槽钢和烟道内产生的水分及时排出车厢，避免车厢出现腐蚀和开裂，将使用寿命延长至原来的两倍多。2018年，该项目参加北京举办的国家能源投资集团创新创意大赛，从114个参赛项目当中脱颖而出，顺利进入复赛。

除了不胜枚举的赛事获奖以外，吴险峰还为气瓶运输存储装卸设备等研发成果申请了专利证书，目前已获得专利11项。

"欲穷千里目，更上一层楼。"纵然吴险峰载誉而归，他仍保持着淡然的心态，全心全意地投入新一轮的创新项目研发中，担负新的使命与责任。

百尺竿头思更进，策马扬鞭自奋蹄。当有人问起吴险峰为什么如此拼命时，他坚定地答道："作为雁宝能源的技术人员，为企业攻坚克难责无旁贷！"

吴险峰用忠诚和奉献诠释铮铮誓言，用敬业和创新践行职业操守。

创新工作室

30年来，吴险峰努力做好车间的本职工作，积极主动学习新技术、研发新设备，以诚待人，凭借过人的业绩和优秀的品德魅力，从宝日希勒第一煤矿机械厂的一位技术员，逐渐成长为雁宝能源技术创新的带头人、引领者！

2012年，为表彰吴险峰对企业做出的巨大贡献，鼓励他再接再厉，进一步发挥卓越才能，公司工会决定投入17万元资金，在其工作的维修中心建立一处工作室，并命名为"吴险峰劳模创新工作室"。

"吴险峰劳模创新工作室"旨在优化生产工艺、生产环节，降低劳动强度，提高生产效率和增强设备安全可靠性，专注于矿山生产与维修方面的实用性技术革新、技术攻关与创造发明。

"研发是起点，创新在路上"是创新工作室的口号与目标。在吴险峰的带领下，这群不同工种的技术尖兵集合在一起，为公司的技术进步和长远发展注入了新的活力。他把工作室的成员划分成几个小组，一同积极开展技术革新、发明创造等活动；接到任务后，大家坐在一起讨论方案，每个人都有畅所欲言的机会。

⊙ 2020年，吴险峰劳模创新工作室被全国总工会命名为全国示范性劳模和工匠人才创新工作室

"干工作要靠协作，我们是一个团队，只有大家群策群力、大众创新，才能把活儿干好！"吴险峰始终这样认为。

个人影响团队，团队带动个人。自工作室创建以来，吴险峰以"领头羊"的姿态立足技术创新，身体力行向大家证明在平凡岗位上也能做出不平凡的业绩。榜样的力量是无穷的，吴险峰作为劳模，树起创新创效标杆，影响和带动一大批职工积极作为，勤奋求实。

其间，工作室涌现了不少立足岗位拼搏奉献的劳模和创新能手：全国煤炭行业优秀共青团员——高国军，中央企业劳动模范——张立山，全国煤炭系统"技能大师""神华集团技术能手""神华集团劳动模范"——张志东，神华集团优秀共产党员刘鹏飞等。团队因个人而卓越，个人因团队而优秀，他们作为工作室中的"精兵强将"，团结合作，凝聚智慧，共同助推企业科学发展，成为行业发展的不竭动力。

国以才立、政以才治、业以才兴。创新驱动的实质是人才驱动，人才是创新的根基。吴险峰创新工作室致力于创新工作形式和内容，力促职工在技能竞赛、技能创新、职业培训过程中提高能力，把工作室打造成青年技能人才的"孵化园"、岗位的"练兵场"。

工作室成立至今，每年至少完成神华集团立项科技创新项目3项，总计完成技术创新项目100余项，技术改造项目19项，共创造直接经济效益2亿元以上，共获得国家实用新型专利20余项，在创新项目比赛中多次获得表彰。

吴险峰职工创新工作室所获（部分）荣誉如下：

2013年被内蒙古自治区总工会命名为首批"自治区职工创新工作室"、被神华集团命名为首批"劳模创新工作室"；

2016年被中国煤炭工业协会命名为"全国煤炭系统技能大师工作室"；

2020年被国家能源投资集团命名为首批"劳模和工匠人才创新工作室"；

2020年，被全国总工会命名为"全国示范性劳模和工匠人才创新工作室"。

其中，"全国示范性劳模和工匠人才创新工作室"的命名对吴险峰职工创新工作室的发展意义重大。这个活动由中华全国总工会每三年开展一次，每次命名100个，旨在大力弘扬劳模精神、劳动精神、工匠精神，营造劳动光荣的社会风尚和精益求精的敬业风气，激励广大劳模和工匠人才发挥示范带头作用，勤于创造、勇于奋斗，努力在新时代新征程中创造新业绩，展现新作为。

2021年2月初，呼伦贝尔市总工会负责人前往雁宝能源设备维修中心走访慰问，并代表全国总工会为吴险峰创新工作室授牌。作为呼伦贝尔市第一家荣获"全国示范性劳模和工匠人才创新工作室"称号的工作室，吴险峰及其团队取得的成绩是有目共睹、值得肯定的。他们立足露天煤矿安全生产实际，坚持科技攻关，科技创新、技术改造成果屡获突破，为企业乃至国家带来了可观的经济效益。

在推进企业实现高质量发展的新征程上，为培养一流的创新人才，产生一流的创新成果，掌握创新的主导权，吴险峰将带领工作室众人继续传承精神，汲取力量，成为行业技术创新和解决问题的"技术能手"，在创新之路上勇于担当、奋发向上，为谱写新时代乐章贡献智慧与力量。

劳模英才聚一堂

随着雁宝能源的做大做强，吴险峰也凭借过硬的技术和实力赢得了同事的尊重和敬佩。众人拾柴火焰高，企业乃至整个煤炭行业的发展都是如此，绝不能单打独斗，大家需要团结一心，齐心协力投入建设当中去。

"一枝独秀不是春，百花齐放春满园"，吴险峰在荣誉面前不骄傲，困难面前不退缩，处处起到模范带头作用。他从不吝啬自己学到的知识，也不独享先进的技术，而是发挥自身优势和特长，开展群众性经济技术活动，期望带动更多同行一起进步成长。

他提议以呼伦贝尔市获得国家级、省部级和市级荣誉称号的劳模和英才为骨干成员，组建呼伦贝尔市劳模英才科技服务中心，增强各行各业创新人才的凝聚力、创新力和贡献力。团队的主要目标有三个：一是对全市各领域从业者进行技术帮扶，将劳模、科技人才成果进行转化推广；二是在农工结合、牧工结合、林工结合方面发挥团队成员自身优势，开展现代化、智能化、信息化生产生活设备的研发与应用；三是协调成立跨行业、跨领域的劳模科技成果转化基地，做好产业帮扶、科技引导、成果转化等工作。服务中心成立之后，各行业的技术能手、劳动模范互相学习、交流，共同进步，为呼伦贝尔市、内蒙古自治区农林牧副渔各行业的产业升级、技术进步、推广应用做出了巨大的贡献。目前已研发和完成技术成果近百项，获得国家专利近30项。

以2018年6月22日至24日在广州召开的中国创新创业成果交易会为例，全国一共有525个项目入选参展，内蒙古自治区入选31项，仅吴险峰所在团队展出的成果就有8项，占内蒙古入选总数的1/4，足以看出其强大的创新能力。

2018年，吴险峰当选为呼伦贝尔市总工会兼职副主席，他肩上的担子更重了。作为一名基层工作者，他始终认真地履行参政议政的职责，关注一线职工的生活，为他们发声。

2020年，在吴险峰的积极建议和带领下，呼伦贝尔市总工会正式成立了创新工作室联盟。它旨在推动企业与企业、企业与科研院所相互合作；劳模工匠创新人才工作室跨行业、跨区域开展联合攻关；将现有专利技术和创新成果转化为现实生产力，节约资源，提高效率，被更多的联盟成员所共享。当时国内同一行业的工作室联盟数量尚且寥寥无几，吴险峰提议成立的这类跨行业、跨地区的工作室联盟更是鲜有先例。因此，创新工作室联盟的组建对整个行业而言都称得上是一种崭新的尝试。

⊙ 上图　呼伦贝尔市科协成员参加2018中国创新创业成果交易会合影留念
⊙ 下图　2018年，吴险峰参加中国创新创业成果交易会留念

2021年，内蒙古自治区将其列为重点试点项目。由吴险峰主要负责的工作室联盟充分发挥了职工创新工作体系的作用，在推进产业工人队伍素质的提升等方面更是大胆地进行了探索和实践，并及时总结经验，努力在行业内推广成果，发挥示范引领带头作用。

随着吴险峰的光荣事迹被更多人知晓，呼伦贝尔职业技术学院主动聘请他做大师工作室的带头人，希望他能够在工作之余指导学院教师和学生们的技术创新实践。吴险峰自然乐意为之，带动更多的人钻研技术、投入创新工作，让创新的"种子"在学生心中生根、发芽、开花、结果，这也是他的夙愿之一。他积极组织一系列技能培训、文化活动，为企业和学校搭建起了一架桥梁，打开学生和企业员工之间的交流空间，促进了当地校企合作研发项目。

2022年5月，雁宝能源工会以吴险峰全国示范性劳模和工匠人才创新工作室为牵头单位，对公司基层的9家职工和劳模创新工作室进行资源整合，成立公司级劳模和工匠人才创新工作室联盟。吴险峰秉承着实事求是的原则，认真分析公司的具体情况，在借鉴其他工作室联盟经验的基础之上，研究制定新的联盟方案。

星星之火，可以燎原。吴险峰发挥自身示范和引领作用，一点一滴将众人的力量汇聚在一起，带动其他工作室和联盟成员互帮互助，共享资源，协同合作，牢牢把握创新这把"金钥匙"，始终走在全面提升公司创新能力、培养创新型人才的奋斗之路上。

⊙ 2022年5月，吴险峰（右三）和校企领导参加呼伦贝尔市职业技术学院
国能宝日希勒能源有限公司产教融合成果展示剪彩仪式

⊙ 2022年5月，吴险峰（左一）与学院老师一起探讨产教融合项目方案

⊙ 吴险峰（左一）在呼伦贝尔市职业技术学院大师工作室工作与团队成员一起讨论方案

赠人玫瑰，手有余香

"人的生命是有限的，可是，为人民服务是无限的，我要把有限的生命，投入到无限的为人民服务之中去……"

这是雷锋生前写进日记本中的一段话，它深深地感动着一代又一代人，也影响着他们。吴险峰将雷锋精神刻进自己的心中，在社会各处释放着自己的光和热。

呼伦贝尔市志愿者协会成立于2015年9月29日，属于公益类社会组织，2017年成立乌尔其汗分社和陈巴尔虎旗分社，目前人数已超千人。协会旨在为具有特殊困难以及需要帮助的社会成员提供志愿服务，在社会各界的鼎力支持以及志愿者的无私奉献下，它的影响力逐渐扩大，已经成立爱心商家联盟和助学联盟。

吴险峰很早就加入了这个协会，对于他而言，志愿服务也是一种生活方式。每次志愿者协会开展公益活动，比如组织捐款捐物、关爱残疾人、关爱留守特殊儿童等，他都表现得十分积极。若因工作任务繁重而抽不开身，吴险峰还会拜托家人帮忙寄送衣物、看望需要帮助的老人和孩子。

志愿者协会有时组织无偿献血服务，吴险峰常常因为工作繁忙来不及献血而深感遗憾。不过一旦在联络群里看到病人出现紧急情况，急需献血时，只要自己的血型能够与之相匹配，他就会亲自开车去血站献血。每当看到微信朋友圈转发的求救信息，他都善良地伸出援助之手，尽一些绵薄之力。

除了友爱同胞，吴险峰还是一个喜欢照顾小动物的人。加入呼伦贝尔动物保护协会后，他经常和其他爱心人士一同救助流浪动物。人类的生活质量逐渐在提高，幸福感在增强，与人们共同呼吸在同一片蓝天下的小动物的生命同样值得尊重。

每月吴险峰和伙伴都会拿出一笔资金投入到流浪动物救助站，帮助流浪动物医治伤病。目前，保护协会圈养的流浪狗数量已经将近300条。随着被救助动物的数量不断扩大，仅靠吴险峰等100位爱心人士的微薄捐赠已经难以维持基地的运转。为了减轻救助站的负担，吴险峰发挥自己"节约能手"的特长，为基地加工狗粮机的配件，维修各种电动设备。他还十分热衷于给狗狗们搭棚建屋，丝毫不觉得疲惫。

吴险峰外表虽是位铁骨铮铮的汉子，内里却有着无限柔情。他总是想竭尽所能地多做一些事情，多贡献一份力量。在单位里，他不但执着于本职工作的科技创新，还是一个勇于担当的实干派，身为公司义务扑火队的一分子，他多次前往地方铁路抗洪、扑灭草原火灾，义无反顾。

扶危济困，星飞火撒，吴险峰以热血赴使命，用行动践诺言。

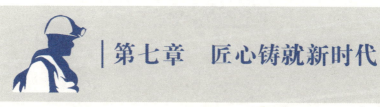

第七章　匠心铸就新时代

扫码解锁

◎群英颂歌◎尽显"峰"芒
◎时代矿车◎奋斗底色

匠心铸就新时代，

智慧谱写新诗篇。

你的技艺精湛似星光闪烁，

创意飞扬开启未来方向。

匠心书写时代之歌，

历久弥坚，铸就辉煌。

潮流涌动创新不息，

梦想引领永恒。

走进人民大会堂

劳动模范是时代的先锋，民族的楷模，各行各业的人都在劳动中实现伟大的中国梦！

1968年，父亲吴宝柱走进人民大会堂，满怀自豪之情，受到当时的党和国家最高领导人毛主席的亲切接见。

47年后，儿子吴险峰坐在同样的地方，怀着激动的心情，以全国劳动模范的身份接受党和国家领导人的集体接见和表彰。

父与子的目光似乎穿越时空相互凝望，两颗同样热爱祖国的心脏有力地跳动着！

2015年4月28日，这是一个令吴险峰永生难忘的日子。就在这一天，2015年庆祝"五一"国际劳动节暨表彰全国劳动模范和先进工作者大会在北京人民大会堂举行。

随着习近平总书记在大会上发表的重要讲话的结束，会场上响起了经久不息的掌声。此时的吴险峰早已热泪盈眶，一股自豪之情油然而生。

作为中国亿万劳动者之一，吴险峰做梦都想不到，自己有一天竟然能够作为劳动者代表，前往北京参加如此盛大的表彰大会。2968名全国劳动模范和全国先进工作者齐聚一堂，尽管他们来自五湖四海，来自各行各业，但是他们血液里流淌的都是爱岗敬业、争创一流，艰苦奋斗、勇于创新，淡泊名利、甘于奉献的精神。

这是一份沉甸甸的荣誉！吴险峰是幸运的，同时也是幸福的。生在红旗下，长在春风里，吴险峰心中怀着对党和国家的满腔热爱，并将这些爱如种子一般播撒在他周围生活的每个角落。

虽然他之前因为工作的原因到过北京，也曾目睹过气势宏伟的天安门城楼及巍峨壮丽的人民大会堂，但是唯有这一次，带给吴险峰最刻骨铭心的感动。

当他作为企业基层的技术工人代表踏入神圣庄严的会场时，当他听着全国劳动模范和先进工作者代表宣读倡议书时，吴险峰仿佛插上了一双翅膀，迫不及待地想要投入新的征程中去！

从20世纪50年代的劳模代表"铁人"王进喜，70年代的"一抓准"张秉贵，再到90年代"一心为乘客"的李素丽和如今的"金牌工人"许振超，在不同时期，劳模的特点有所改变，但永远不变的是他们热爱劳动的心。

吴险峰和中国大地其他无数位坚守在岗位上的劳动模范一样，心中都有时代精神的烙印。他们一同在百舸争流、千帆竞发的洪流中勇立潮头，用智慧和汗水铸就辉煌，用劳动成就光荣与梦想！

赤诚匠心

《庄子·内篇》中有一个故事：

梁惠王时期，有一位厨师叫作丁。当他宰牛的时候，牛全身被其手接触的地方、肩倚靠的地方、脚踩着的地方、膝顶到的地方，都会发出皮骨相离的声音。当刀子狠狠刺入牛身时，声响更大，这些响声都特别合乎音律。

梁惠王惊讶于对方高明的解剖技术，急忙询问原因。

厨师丁解释说："我自己不断摸索牛体结构，时间久了便掌握了宰牛的规律，熟能生巧。"

这便是《庖丁解牛》的寓言故事。在绵远长久的中国历史中，中华儿女对于技术精益求精的追求早已融入血脉之中。数不清的绝世珍宝，如瓷器、漆雕、刺绣……这些巧夺天工的珍品闪烁在璀璨的中华文明中，彰显工匠们专注、精准、创新的精神。工匠精神在中华大地上绵延不息、薪火相传，成就了中华民族五千多年灿烂辉煌的文明。

走在新时代，我们更需要工匠精神，它是一种脚踏实地的工作作风，一种精益求精的工作原则，一种兢兢业业的工作态度，一种创新开放的工作理念。

为进一步弘扬工匠精神，厚植工匠文化，2017年内蒙古自治区开展"北疆工匠"选树工作，表彰在内蒙古各行各业发挥举足轻重作用的先进工作者。

2019年11月12日，"2019年度北疆工匠发布暨颁奖典礼"在内蒙古广播电视台演播大厅如火如荼地进行。吴险峰荣获内蒙古自治区"北疆工匠"称号，代表内蒙古自治区330万产业工人站在光芒四射的颁奖台上，展示他们不平凡的业绩。

"北疆工匠"拥有敬业专注、无私奉献的职业操守，勇于创新、攻坚克难的职业追求，精益求精、细致严谨的职业精神。吴险峰和历届"北疆工匠"一同经受时间和群众的检验，用刻苦钻研、勇于创新的工匠精神发挥优秀技能人才的示范引领作用，拓展技术工人成长成才通道，促进自治区高技能人才队伍建设，在实现中华民族伟大复兴中国梦的实践中建功立业。

什么是创新精神？吴险峰说："搞创新，并非都需要高深的知识和大量的资金，只要我们对经常碰到的技术难题进行针对性学习，努力寻找解决办法，就能搞出名堂。"

什么是匠心精神？他又说："在工作中敬业、乐业，矢志创新与传承。"

"干一项工程，树一座丰碑"，是吴险峰几十年来坚持贯彻的实践理念，也是他对匠心精神的执着坚守。

他是扎根一线的创新创效达人，是科技创新的引领者，是高

⊙ 2019年，吴险峰荣获"北疆工匠"荣誉称号

质量发展的推动者，是工匠精神的践行者。提起吴险峰，公司同事都由衷地敬佩他。

敬业乐业，赤诚匠心。吴险峰对工作的满腔热忱体现了一名共产党员的初心和本色，他以实际行动塑造了一个煤海尖兵、时代楷模的形象。

初心不改，勇攀高峰

劳模是榜样，是标杆，是时代的领跑者！

当选为全国劳动模范之后，吴险峰很快冷静了下来，重新投入日常工作中去。他清楚，劳模称号是人民给予的荣誉，要无愧于人民，无愧于祖国的重托。他以一名共产党员的信念践行着社会主义核心价值观，带着工匠精神投入他所热爱的工作当中去。

"三人行，必有我师焉"，他和全国各地的技术能手、先进工作者、劳动模范一同参加交流活动，互相学习、观摩技术。众多优秀工作者的言行举止深深地感动着吴险峰，他们在困难面前的责任与担当，在名义和金钱面前的谦让和无视，每一句话、每一件事，都让吴险峰体会到满满的正能量。当吴险峰遇到了技术难题，这些志同道合的朋友或见面或打电话，都给予了他很大的帮助。

劳动模范是伟大的，要做一个合格的劳动模范是不容易的。

每一位优秀工作者具有的高尚品质，都使吴险峰更坚定了向他们学习、提升自己的决心。

吴险峰更加忙碌了，他更加发奋用功，努力研发更好的科技成果；"春蚕到死丝方尽，蜡炬成灰泪始干"，他急切地想要将毕生知识传授给年轻的学生，为行业建设培养新鲜的血液，为国家做出更多更大的贡献。

妻子包斯芹十分赞同丈夫的想法，一直在身后支持他、鼓励他："他是为煤矿生产服务的维修人员，当生产遇到难题时，作为一个劳模他责无旁贷，要发挥带头作用才行。"

2021年5月，呼伦贝尔市总工会"永远跟党走·工会进万家"劳模先进事迹宣讲团走进基层进行首场宣讲。吴险峰作为代表之一，以《初心不改，勇攀高峰》为题发表演讲。他向大家表示，将"永远坚持'干一项工程，树一座丰碑'的工作理念，积极践行精益求精、持之以恒、爱岗敬业、守正创新的工匠精神"。

劳动模范群体是无愧于时代、无愧于国家、无愧于自己的劳动人民的先进群体，是值得社会尊敬的群体。时代在变，奋斗的底色永不变。

吴险峰在工作中更加注重自己的一言一行，严格要求自己，在荣誉和金钱面前不争不抢，细心、耐心钻研技术，创新成果，凭着对工作的认真负责，凭着勤恳踏实的工作作风，为劳动者群体增光添彩。

与祖国共命运

如果说每个人的职业生涯都有主色调，那么吴险峰选择的一定是爱岗敬业、创新开放。

作为一名技术骨干，他始终坚持以"干一项工程，树一座丰碑"为工作理念，认真负责、一丝不苟、精益求精，他承担的公司重点技术改造工程时间紧、任务重，技术含量高，为早日完成工作任务，吴险峰常常废寝忘食，精心制订工作计划。

设备维修中心党总支书记、工会主席任德全评价吴险峰："别人怕累不愿意干的活儿他干，别人怕难不愿意解决的问题他研究创新。"

日复一日，年复一年，三十年弹指一挥间，不断增加的技术成果，不断增强的责任意识，展现了吴险峰从一位机械厂技术员成长为工程师，由踏实肯干的工人到全国劳模的华丽蜕变。

他奋斗的足迹十分励志：2006年获得内蒙古自治区职工经济创新工程奖和先进个人奖章，2013年获得呼伦贝尔市"金牌工人"称号，2015年获得全国劳动模范称号，2016年获得全国煤炭系统"技能大师"称号，2019年获得全国能源化学系统"大国工匠"称号，他还是全国煤炭系统技术创新能手、内蒙古自治区劳动模范、呼伦贝尔市"五一劳动奖章"获得者……吴险峰的辛勤劳动与无数荣誉交相辉映，铸就了一段精彩的奋斗史，也为我们树立了榜样。

"参加工作三十年了，我亲历和见证了我们企业的由小到大，由大到强，我认为，我的命运是和企业、和国家息息相关的，企业发展了，职工是最大的受益者，国家发展了，人民群众是最大的受益者。我也从一名普通的技术工人逐渐成长为公司的技术骨干、工作室的带头人、内蒙古'金牌工人'、'全国煤炭系统技术创新能手'和全国劳动模范。这些年里，我还见证了我们国家由弱到强，快速发展的过程。我个人的技能水平、生活水平和幸福指数也都在不断提高。作为一个中国人，我感到无比自豪！当今时代，中国共产党正在带领全国人民进行着一场前无古人的伟大变革，要实现中华民族伟大复兴的中国梦！中国梦，也是我们大家的梦想，它需要千千万万个你我他，同心协力，拼搏进取，进行艰苦卓绝的努力才能够实现！我要在今后的工作中，不辜负各级领导的信任和同志们的支持，发挥自身优势和特长，积极参与和开展技术革新、技术攻关、发明创造和合理化建议等群众性经济技术创新活动，引导和帮助身边的同志不断增强学习能力、创新能力，为企业和国家培养更多的学习型、知识型、技能型、专家型劳动者和高素质职工队伍做出应有的更大的贡献。"

吴险峰饱含深情地讲述着自己的故事，诠释着对党和人民的履职担当。

三十年的技术创新生涯，他在各项技术改造、科技攻关、工

⊙ 2021年，吴险峰在北京重温入党誓词

程安装、机械加工工作中发挥了重要作用。岁月沧桑了吴险峰青春的容颜，却带不走他为事业奉献终身的信念，磨不灭他勤奋钻研、吃苦耐劳、勇于创新的精神。

伟大出自平凡，奋斗成就未来，中国人民正在向着全面建成社会主义现代化强国的第二个百年奋斗目标迈进，奋力实现中华民族伟大复兴的中国梦。道阻且长，行则将至。在这一伟大征程中，吴险峰继续扎根在平凡的岗位，埋头苦干，书写不凡的华章。

听着他的故事，人们的眼前仿佛出现了一个挺拔的身影。他几十年如一日在车间穿梭来去，或是以敏锐的目光观察设备的运转，警惕事故的发生；或是拿着手中的工具对机器敲敲打打，认真检修……

惟其艰难，才更显勇毅；惟其笃行，才弥足珍贵。他那铿锵有力的誓言，跨越时间、穿过风雨，抵达每一个追梦人的心间，点燃全体劳动者奋斗的激情，鼓励拼搏者踔厉奋发，勇毅前行，披荆斩棘，冲向人生的最高峰！

扫码解锁

◎群 英 颂 歌◎尽显"峰"芒
◎时 代 矿 车◎奋 斗 底 色